超・現場型リーダーの技術
最高のマネジメント

Best management

小林一光
Ikko Kobayashi

きずな出版

はじめに—

理論や知識を詰め込んでも、現実の問題解決には役立たない

「管理職研修で『マネジャーはリーダーシップが大切』と言われましたが、カリスマ性もない自分がリーダーシップを発揮できるのでしょうか？」

「ロールプレイングでは誰とでもうまく会話できるのですが、部下とは思ったようにコミュニケーションがとれなくて困っています」

「コーチング研修まで受けたのに、メンバーとの面談中につい口を挟んだり、感情的になって怒鳴ったりするクセが抜けません」

私が指導しているマネジャーたちに共通しているのは、このように「研修で教わったことが役に立たない、現場で活かせない」ということです。

確かに、ビジネス書を読んだり研修に参加したりすれば、マネジメントの理念や組織に関する理論を学ぶことはできます。しかし、それはあくまでも知識に過ぎません。

本を読み、研修に参加するのは、理論を学ぶためだけでなく、最終的には「実際に現場で、どうすればいいのか」だったはず。個々のマネジャーが抱える問題や課題は違うのに、それぞれのケースに即して教えてくれる本や研修は、残念ながら存在しません。

どれだけ理論を学んだところで「自分はどうすればいいのか?」がわからなければ、職場に帰ったとたん、元に戻ってしまうのは当然でしょう。

もちろん知識は大切です。

しかし、事前に詰め込んだ知識をもとに「理想のマネジャー像」を思い描いてマネジャーになったものの、「現実の自分」との落差を感じて「自分には能力がない」と思い詰めている人を見るにつけ、頭でっかちに理想を追い過ぎる危うさを感じることさえあります。

私はマネジメントについて、書物や研修で学んだことはほぼありません。それでも現在は、会社を経営する傍ら、コンサルタントとしても多くのマネジャーを指導しています。

そんな自分と、豊富な知識を持つほかのコンサルタントとの違いは何か。理論や知識に代わる〝アドバンテージ〟は何だろうと考えたことがあります。

それは「常にその人に寄り添う姿勢」です。

どんなときでも「どうすれば、この人は成長できるだろう？」「どんなふうにすれば、この人がやる気になってくれるのか？」と考える習慣が身についているのです。

幸いにも、私は「人」に関する記憶力だけは誰にも負けない自信があります。

メモを取らなくても「前回の面談でこの人はこんなことを言っていた」「それに対して自分はこういうアドバイスをした」といった情報がすべてインプットされています。

だから、いつどこで、どんな相談を受けても、その人のストーリーやデータを思い起こしながら、「じゃあ、次はこうしてみたら？」「あなたの場合は、このやり方がいいのでは？」と具体的なアドバイスができるのです。

知識や理念よりも、その人に合った実践で成長を促す。それが営業チームのマネジャーだったころからの自分の強みです。

このような面談を繰り返しているうちに、実際にみんながいろいろと相談事を持ち込むようになりました。

「部下と2人で飲みに行ったら、やはり自分が払うべきですか？」

「チーム内で職場結婚があったら、上司としてはご祝儀をいくら払えばいいでしょう？」

「実は夫婦関係のいざこざで仕事どころじゃないんです」

他人から見れば、「そんなことまで？」というレベルの悩みかもしれません。しかし当人はいたって真剣です。しかも1人だけでなく、次から次へと同じような悩みが持ち込まれてくるのです。

たまに自分を「困ったマネジャーの駆け込み寺」と思うこともありますが、確かにこんなことは、研修では絶対に教えてくれません。

言うまでもないことですが、プライベートの人間関係や私生活の問題は、仕事のモチベーションや作業効率に大きく影響します。「そんなことまで？」レベルの悩みであっても、取り除いてあげるのが指導者である私の役目。

そしてその人が、次に誰かに同じような悩みを相談されたとき「そういうときはね……」とアドバイスできるようになるのも「人を育てる」ことです。

あとで述べますが、私は自分のマネジメントノウハウを使うことによって、**離職率ゼロの「奇跡のチーム」**を率いていました。本来、離職率の非常に高い生保営業の世界において、です。この本では、そんな私自身の過去の経験や、コンサルタントになってからの知見をもとに組み立てた、マネジメントの実践的ノウハウをまとめています。

第1章では、私が現場の担当者だったころ、そして自分がマネジャーとなってからどのような経験を積んだかを紹介していきます。これまでのビジネス人生を振り返りながら、私のバックグラウンドや、最高のマネジャー像をお伝えしたいと考えています。

第2章では、そのような私自身の経験を踏まえ、現在のマネジャーを取り巻く環境についてまとめていきます。今の若いマネジャーたちは、10年前に比べてはるかに難しい立場でマネジメントに取り組んでいます。その原因を探りつつ、「それでもやっぱりマネジャーはやりがいがある」と私が考える理由を紹介します。

第3章では、これまで私が見てきたNGな上司について考えていきます。私は理論や知識を学ぶ代わりに、さまざまな上司の「ダメな言動」を反面教師としてきました。部下から信頼されない、チームのパフォーマンスが上がらないと悩んでいるマネジャーには、思い当たるフシがあるかもしれません。

第4章は、チームの総合力を高めるために、マネジャーがとるべき行動について解説します。これまで私はコンサルタントとして多くの「問題のあるチーム」「成果が出せないマネジャー」を見てきました。その原因を探っていくと、ほぼすべてに共通しているのが「コミュニケーションの不在・欠陥」という問題です。チーム内の円滑なコミュニケーションを図り、メンバー間の信頼関係を築くために、マネジャーは何をすべきか。私なりの考察をもとに、今日から実践できるよう具体的に紹介しています。

そして第5章は、実際に私のもとに寄せられたマネジャーたちの相談を事例集の形で紹介します。飲みニケーションの是非、上司としてのお金の払い方、メンタルに問題を抱える部下との接し方……みなさんにとっても身近な問題・課題があるのではないでしょうか。相談の実例を読んでから前の章を読み直すと、マネジメントへの理解はさらに深まるかもしれません。

さあ、それでは本論に入りましょう。

この本をきっかけに、あなたのマネジメント・スタイルに少しでもよい変化が現れ、チームに高い成果と成長がもたらされること、そして、あなたが**最高のマネジャー**になることを、心から願っています。

著者

第1章

年収1億円超のトップセールスから、その地位を捨ててマネジャーの道へ入った理由

第2章 現代のマネジャーは、なぜ大変なのか？

第3章

マネジャーとして、やってはいけない11のこと

第4章

信頼を築き、人を育てる、最高のマネジメント

最終章

「One for All, All for One」のチームづくり

ブックデザイン　池上幸一
協力　チームＴＯＧＥＮＵＫＩ

第1章

年収1億円超のトップセールスから、その地位を捨ててマネジャーの道へ入った理由

さえないラガーマンから、トップ営業マンへ

私は現在、会社経営をする傍ら、コンサルタントとして主に企業の経営層やマネジャー層に向けて、マネジメントの基礎や実践について指導しています。社内の講演会で、大勢のマネジャーに向けてお話しすることもあれば、個々のマネジャーに、定期的な面談で問題解決のお手伝いをすることもあります。

いくつかの企業に通って定期的に面談をしていると、なかには上司に言えないマネジメント上の悩みを打ち明けてくれる人がいます。

そういうときはすぐに持っていたペンを置き、「わかった。ここだけの話として聴くから」とじっくり話を聴きます。あるいは、「こんど、どこかで会おうか」と別の日に時間をつくることもあります。面談中ではなく、個人的に電話やメールで相談してくる人もいます。

悩めるマネジャーたちの話を聴いていると、現在のマネジャーは大変だと思う一方で、壁にぶつかったりつまずいたりする部分は、意外と昔と変わらないなとも思います。

私は以前、外資系生命保険会社の営業マンやセールスマネジャーとして、自分で言うのも何ですが、かなり高い実績を収めてきました。2002年には個人で売上げ成績日本一を記録し、2005年にはマネジャーとしてもチームを業績日本一に導くことができました。

そんな私が、なぜ営業やマネジメントについて人々に指導する立場になったのか。

その理由を知っていただくためにも、簡単に私の経歴を紹介します。

▼チームが日本一になった。その経験が自分を変えた

私は学生時代、早稲田大学ラグビー部に所属していました。

それを聞いただけで、さぞかしリーダーシップに溢れたスポーツマンと思われるかもしれませんが、まったく逆です。ラグビー部ではレギュラーどころか、ベンチに入ったことや公式戦に出たこともなく、選手としてはまったく実績がありませんでした。

ただ、レギュラーにこそなれませんでしたが、チームは日本一に輝きました。そのときの強烈な体験がもとで、自分でも社会に出たら「何らかの形で日本一をつかみたい」という強い思いを持って卒業しました。

大学卒業後は旅行代理店の日本交通公社（現在のＪＴＢ）に入社。その後、プルデンシャル生命保険に転職し、フルコミッションの営業職として働き始めました。

2002年に入社時に目標としていた全社での営業成績ナンバーワンになり、「30代で年収1億円超え」の目標も達成。さらに2003年度には、全世界の保険外交員の0・1％程度にしか与えられない「TOT（Top of the Table）」の称号を得るなど、保険の営業にかけては、まさに日本でもトップクラスの成績を収めていました。

10年間営業に従事した後、営業管理職に職種変更。2年後には営業所長として自分のチームを日本一に押し上げることができました。個人の営業マンとして、またマネジャーとして、両方で日本一を達成した、前職では今現在唯一の人間であり、それは今も私の勲章になっています。

理想の営業マン「小林いっこう」という別人格をつくる

ここまでの経歴だけを見ると、さぞすごい人という印象でしょう。さえないラグビー部員から一念発起して仕事に邁進し、ついにトップ営業マンへ。まるでドラマのようですが、実際はそんなに輝かしいことばかりではありません。

その前に、私の営業マン時代のことを少し紹介します。

大学卒業時に「何かで日本一になる」と誓ったものの、ＪＴＢに入社して最初は何も実績が出ませんでした。一般の支店に配属されたのですが、世の中はバブル景気真っ盛りとあって、先輩たちはみな忙しく、新入社員にかまっている余裕はありません。

売上げがない新人には自分のデスクすら与えられません。しかたがないので、会社にいるときは旅館やバスの手配をしてくれている先輩女性社員たち相手にたわいもない話をし、そうでないときはラグビー部時代の先輩や同期、知り合いがいる会社を訪ねて、朝から晩までラグビー談議や世間話で時間をつぶしていました。

そのなかにある大手出版社がありました。通い始めて半年もしたころ、知り合いになった部長から「今、書店さんの招待旅行の企画があるんだけど、君のところでできるか？」と言われました。「はあ……ちょっと会社に訊いてみます」と、戻って上司に相談すると、「そんなのすぐ受けてこい！」と叱咤激励《しったげきれい》を受けました。

とはいえ、忙しい先輩たちを頼るわけにはいきません。そのとき助けてくれたのはほかでもない、仲良くなった手配係の先輩女性社員たちでした。

どうにか仕切った初めての仕事は、意外にも評判が良かったようです。

ほかの編集部の読者招待旅行や社員旅行の企画が次々と舞い込んでくるようになり、気がつけば、支店の法人営業記録を塗り替えるほどの成績になっていました。

その後、私はプルデンシャル生命保険に転職しました。ＪＴＢでの成績が注目され、ヘッドハンティングされたのです。向こうから大口の仕事が舞い込んできたB to Bの法人営業と違い、今度は個人相手のB to Cの営業です。スタート当初は学生時代の友人や昔の知り合い、いわゆるベースマーケットで活動をするために、まずは電話をしてアポを取ることから始めました。ところが電話で「実は保険のことで……」と言ってアポを取ろうとしても、なかなか簡単には取れません。**電話口で営業マンが商品のことを口にしたら、何か売りつけられると誰もが身構えてしまうのです。**

そんなことを繰り返すうち、留守電にメッセージを残しても返信がないどころか、名乗ったとたんにガチャンと切られることも珍しくなくなりました。

親しい（と思っていた）友人からも断られることが多く「誰も話を聞いてくれない。転職は失敗だったのでは？」と、すっかり自信喪失。商談のアポイントがなかなか取れず、ついには電話しているフリや、営業に出ているフリまでするようになっていました。

▼自分ルールを決め、勝負用のキャラクターを演じる

なぜ、私は商品を買ってくれる人を見つけられないのだろう？

じっくり考えるうちに、あることに思い至りました。「今までの自分は、話を聞いてくれる人、

自分を受け入れてくれる人ばかり探していた」ということです。

営業の本質とは、「お客様の欲しいものを提供すること」です。だったらまずはたくさんの人に会い、その人たちが求めていることを知るようにしよう。そうすれば、なかには自分の商品に興味を持ってくれる人もいるだろうと、発想の矢印を逆にしたのです。

もともと私は内気なところがあり、営業をしているにもかかわらず見知らぬ人と話すのがとても苦手。しかしできるだけ多くの人と会おうと決めたからには、人見知りでは通用しません。

そんな自分を変えるにはどうすればいいのか？　考えた末、作戦を立てました。

まずは自分にいくつかのルールを課しました。

人と会ってもいきなり保険の話はしない。毎日トイレ掃除する。時間や約束は必ず守る。貪欲に知識を身につける等々。またスポーツジムに通って身体を鍛えたり、草ラグビーも始めて、とにかく多くの人に会うことに徹しました。

誰かに会ったところで、売れるかどうかは最終的に相手が決めることです。

しかし「たくさんの人に会う」というプロセスは自分でコントロールできます。そこで相手の感情を動かすことができれば、「買ってもいいよ」につながると思ったのです。

そのために必要なのは「相手のことを知る」「聴き役に徹する」「相手の役に立つことを優先する」……とにかく相手の立場に立つことだと考えました。

さらに感情にまで働きかけるには、こちらの人間力も必要です。自分が商品だと自覚し、そこで自分に課したのが、前記のルールです。「営業とどう関係するの？」というものもありますが、とりあえず役に立つだろうと思いついたことをすべて実行したのです。

ちなみに私の本名は「一光」と書いて「かずあき」と読みます。

中学生のころからニックネームで「いっこう」と呼ばれることはありましたが、このときから名刺のルビも「いっこう」にして、すべての名前を統一しました。

自分の性格を根本から変えるのは難しいかもしれません。でも、私にとっての理想である「スポーツマンで話題豊富な営業マン・小林いっこう」という勝負用の人格を用意し、その別人格を演じることならできるはず。そのために自分の行動や環境を変えたのです。

作戦は大成功でした。電話を切られるたびに落ち込み、嫌われたらどうしようと怯えていた「小林かずあき」と違って、「小林いっこう」はへこたれません。電話で居留守を使われても断られても、何度でもトライを繰り返し、ついに営業マンとして日本一になれたのです。

スカウトは究極の営業だ

営業マンとして10年活動した後、営業所長となりました。

それからのことにも簡単に触れておきましょう。

マネジャーという立場の主な業務は採用と育成です。

「採用」というより「スカウト」といったほうが適切かもしれません。

同じ生保業界からではなく、他業種で優秀な人材をメンバーとしてスカウトして、育成し、チームの売上げを伸ばしていくのです。

ところで営業マンだったころは、営業と採用はまったくの別物と思っていましたが、実際にやってみて思ったのは「スカウトというのは究極の営業だ」ということです。

当時は、今ほど転職が当たり前ではなかった時代です。

「私は転職には興味ないです」と言う人を、企業理念や自分の人柄などで惹きつけ、最終的に向こうから「一光さんと一緒に働きたいので、ぜひお願いします」と言ってもらう。

いいえ、相手に人生そのものを賭けさせるのですから、ある意味モノを売るよりよっぽど大変かもしれません。

▼苦労して採用した人ほど、育成は楽だという現実

もちろん、狙った相手に「Yes」と言ってもらうまでには時間がかかります。

でも、そういう優秀な人はチームに入ってから手がかかりません。スカウトに時間はかかっても、入った後の育成が楽だからです。

こうして優秀なメンバーを採用し育成できたおかげで、営業所長になって2年後には、マネジャーとしてもチームで日本一のセールスを達成することができたのです。

目指したのは「チーム力」をアップする最高のマネジメント

私は営業所長になるにあたり、「**マネジャーになったからには、2年でトップになる**」と、心に固く決めていました。

そのためには、何としてもチーム力を上げるしかないと考えました。

フルコミッションで仕事をする保険営業マンは「一匹狼」のような存在です。自分の成績のことを考えて行動していればいいという風潮もあり、会社やチームへの帰属意識が薄い営業マンもいて、マネジメントに苦労している先輩マネジャーを多く見ていました。

ただし、チーム力をアップし日本一を目指すためには、チームの団結力が不可欠です。

そのために、

・定例ミーティングには全員が必ず出席する

・提出書類の締め切りは厳守する
・新人は毎朝決まった時間に出社する

など、最低限のルールだけは、優秀なベテランも新人も全員が守ることを徹底したのです。

▼離職率ゼロ！　奇跡のチーム

そのかわり私自身の働き方も変えました。

マネジャーに職種変更したからには、まったくの新米です。マネジメントの知識もなく、勉強することは山ほどありました。

それに新人に毎朝定時に出社を命じたからには、マネジャーである自分もその前に出社していなければ示しがつきません。毎朝早く出社することにし、営業所長になって最初の1年間は、ほぼ休まず働いていた記憶があります。

当時のたいていの営業所長は、新人教育として営業に同行して教えていましたが、私はあえてそれをほとんどせず、1日も早く自立させることを心掛けていました。

そのかわり、現場でわからないことがあったらすぐに私に質問できるよう、常に電話がつながる状態にしていました。

自分が営業マンだったころ、「ここで何か助言が欲しい」というときに連絡がつかないことが一番嫌だったからです。いわばホットラインを引いていました。

営業マンとしてスタートしたときと同様、いやそれ以上に日々努力精進した結果、その甲斐あって、チームは2年目で日本一のセールスを達成。無事に当初の目標を達成できたのです。

ちなみに当時の生保業界では「入社2年で5割程度が辞める」のがふつうと言われていました。しかし私の当時採用したチームのメンバーは、全員が（家庭の事情で現場を離れざるを得なかった1人を除き）、10年以上勤務することとなりました。

当時、私の営業所は、「奇跡のチーム」と呼ばれていたようですが、この離職率ゼロというのも、その理由のひとつだと思います。

どんなに優秀でも、育ててあげないと人は育たない

その後、大変お世話になったプルデンシャル生命保険を退職して独立することになったのは、営業所長から支社長になって3年目のこと。

きっかけは身近な人の「死」でした。そのころ、ご契約者様の死亡が相次ぎ、死亡保険金のお届けをすることが重なりました。なかには「自死」の方もいました。

これを機に、初めて人生を真剣に考えるようになりました。

一番思ったことは「自分がこの世を去るときに、何が大切なのか？　何を遺したらいいのか？」ということ。人生は一度きり。その一度の人生でいくら地位とか名誉とか財産を築いても、死んでしまったらどれもあの世に持っていけない。

思えば私も人生のなかでつらい時期、うまくいかない時期がたくさんありました。

親が事業で行き詰まった中学時代から20歳くらいまでは、ほとんど良い記憶がありません。自分自身にも何ひとつ自信のない人間でした。

そんな私でも、きちんと目標を設定して考え方や行動を変えたら、自分の思うような人生にチェンジできたのです。なのに自ら命を絶つという方がいることは信じられませんでした。

もし今、自分が死ぬとしたら、あとに何を遺せるだろう？
死ぬときに、何て言われたらうれしいだろう？

そんなことを考えるうちに、「一光さんに出会って、人生変わって良かった」という言葉が浮かんできました。私が採用した営業マンはじめ、多くの方がそう言ってくれたのです。

そうだ。次のステップでは自分の経験や、自分が培ってきたことを「教える」ことに費やすべきではないか。そして1人でも多くの方の役に立つべきではないか。

それは「教育」の重要性を実感したからでもあります。

特に前職では、みながスカウトされて転職してきた営業マンばかり。もともと優秀だし、わざわざ転職してくるくらいだから、やる気もあって、自分でちゃんと目標を決めてやりきれるのが当たり前だろうと思っていました。

「売れていない人間はセンスがないか、やる気がないだけ」くらいに思っていたのです。

ところがマネジャーになって初めて、優秀でがんばり屋さんで、やる気があっても、結果が出せない人がいることを知りました。ここでやっと「自分と同じ人間はいないんだ」と気づいたのです。

「いくら優秀な人材でも、育ててあげないと人は育たない」

そのことを、身をもって感じたのです。

同時に「会社で影響力を行使することももちろん大切なことだけど、外に出て、できる限り多くの人に影響を与えられるようなことができたら」という思いが溢れてきました。

ものすごく悩んだ末に独立を決意し、多大な迷惑をかけることを承知のうえで、15年間大変お世話になった会社を退職するに至ったのです。

ただし、独立当初は教育をするといっても何のプランもなく、何をしていいかもまったくわからない状況で、たとえば人に教えるために講演をしようにも、どこに売り込みに行けばいいかアイデアもなく、そのため最初の2年間はまったく売上げが上がりませんでした。

家内の「パパだったら、何をやってもいつか必ず成功できると私は信じているわ」という言葉が支えになっていたことを今でも鮮明に覚えています。

「そうだ、念ずれば花開くというように、一度決めて選んだからには何が何でも一生懸命に努力すれば必ず道は開けるはずだ。今後1人でも多くの人たちの役に立つという信念を忘れずに精進していこう」と思い直し、今日まで来ることができました。

▼本や研修からの受け売りは一切なし。徹底した現場主義のマネジメント

これまで私はコンサルタントとして、証券会社、コンサルファーム、流通、生保など約100社以上の研修や数多くの講演を担当してきました。それもほとんどがマネジャー以上のクラスの人たちが対象です。

営業を一切せず、依頼された仕事しか受けていないためこの程度の数ですが、一度研修を受けてもらうとほとんどの企業や個人がリピーターになってくれるので、延べ数千人のマネジャーを指導してきたことになると思います。


私のコンサルティングの特徴は「徹底した現場主義」です。

クライアントの企業・個人には、現場で何が起きているのかを把握したうえで最適なプログラムを提案しますが、そのベースとなっていることはもちろん講演で話すこと、こうして執筆していること、すべて自分が「現場」で体験してきたことであり、他人の本やどこかの研修からの受け売りは一切ありません。

正直にいえば、私はマネジャーになってからも失敗ばかりでした。

「なんでそんな大事なこと早く言わないんだよ!」と怒鳴って、「だって一光さんに言ったって聞いてくれないじゃないですか!」とメンバーに逆切れされたことも数知れず。

そのたびに反省して、そこから学んできました。

山ほどの挫折と失敗を繰り返しながら自分の経験を体系化し、さまざまなケースに応用できるよう理論化してきました。だから何を質問されてもすべてその場で、現実に即した形で答えられるのが私の強みだと思っています。

私のこうした経験が、本書を手にとってくれたマネジャーのみなさんの課題解決のお役に立てば幸いと願い、筆を進めていきたいと思います。

第2章

現代のマネジャーは、なぜ大変なのか？

マネジャーは大変そう。だからやりたくない？

マネジメントの手法を学ぶ前に、改めてマネジャーの仕事について考えてみましょう。

課長や係長、チームリーダー、プロジェクトマネジャー……呼び名はどうあれ、部下をまとめてチームを率いる立場にある人はみんなマネジャーです。

初めてマネジャーになれと上司に言われたとき、あなたはどう感じましたか？

これからはチームを率いて成果を出さなくてはならないという責任感に身が引き締まる思いがした人。上を目指すためのスタートラインにようやく立ったと感じた人もいるでしょう。

マネジャーになるということは、会社にとって必要な人材と認められたということ。ビジネスパーソンとして成長し、新しいステップに来た自分を誇るべきです。

ところが、なかには「自分はそんな器ではない」「責任を負いたくない」「現場の仕事から離れたくない」と、尻込みする人もいます。その気持ちもわからなくはありません。

私自身は、営業マンとしてトップを極めたと思ったとき、次のステップは、後進を育成するしかないと思っていました。だからマネジャーに職種変更したのです。

もちろん、その時点ではマネジメントのノウハウはありません。だから一流のマネジャーになれる自信なんてありません。

でも、営業マンとしてトップを極めた自分は、誰よりも現場を知っているという自負がありました。それを後輩に伝えれば、一流かどうかはともかく、マネジャーとしてトップに立つことはできると思ったのです。**営業マンとしてチャンピオンになった栄光はきっぱり忘れ、休日も返上して仕事に取り組みました。**1日も早くマネジャーとしての経験を積み、チームを成長させることに集中したのです。

▼親にならなければ、親の気持ちはわからない

マネジャーになってみると、それまで知らなかった世界が見えてきました。

会社とチームの間に挟まれ「マネジャーにはこんな苦労があるんだ」という驚きもあれば、それまでは仕事ができないダメな上司と思っていた人が、実は陰でものすごく努力していたとか、こんなにも部下に配慮をしていたんだ、という発見もありました。

メンバーだった時は気づかなかったことがたくさん見えるようになるというのは、子どもが生まれて初めて親の苦労を知るのと似ています。

とはいえ、実際は毎日が失敗や後悔の連続でした。

「どうすればメンバーたちを成長させられるのだろう」「成績が伸びないのは自分の指導が悪いからだろうか」と、反省と修正を繰り返す日々。

しかし「2年でトップを取る」と宣言した手前、途中で諦めるわけにはいきません。

今思い出しても本当にきつい時期でしたが、その甲斐あって、本当に2年でトップになることができたのです。

前提を変えれば、マネジャーの仕事はやりがいだらけ

マネジャーになって知ったことのもうひとつは、人を育てるとか、人に影響を与えてチームをまとめるとか、口で言うのはたやすいことですが、実際は自分1人の力でどうにかできることなんかほとんどないということです。

もし世界最高のマネジャーの教科書があって、その通りにやったとしても、おそらくうまくいくことのほうが少ないでしょう。何しろ、部下が教科書通りに動いてくれるわけではないのですから。

「自分がこのチームを何とかしなくちゃ」「私がメンバーを動かさなくちゃ」と思ったところで、うまくいかないことばかり。何とかしなくてはと焦れば焦るほど空回りしてしまう。

メンバーの気持ちも離れていくようで、そんな状況にさらに焦って、しょげて、ますます負

のスパイラルにはまってしまう……。

あなたもマネジャーになるまでは、そんな上司の姿を見て「あーあ、上と下に挟まれて、役職付きは大変だな」と思っていませんでしたか？

あんなマネジャーにだけはなりたくないと思っていたのに、今まさに同じような状況に陥っている自分に気づき、「こんなはずじゃなかった」と思っているところかもしれません。

そんなあなたを見て、もしかすると今ごろ部下たちも「マネジャーって大変そう。なるもんじゃないな」と思っているかもしれません。

▼マネジメントなんて、どうせ最初はうまくいかない

そんな経験を重ねた結果、私はある結論に至りました。

そうだ、前提となる考え方を変えてみるのはどうだろう？

つまり、

「マネジャーの仕事は、うまくいかないことがほとんどだ」

このように考えてみるのです。

うまくいかない、思い通りにいかないことにばかりフォーカスするから「もういやだ」「マネジャーなんてつらいだけだ」となってしまう。

でも、うまくいかないのが前提なら、能力はほとんど関係ないということになります。「自分にはマネジャーの能力がない、失格だ」と悩む必要もなくなります。

もっと良いのは、これによって楽しいことのほうが多くなるということです。何かひとつうまくいくだけで「やった！」と思えるようになるのです。

・新人が初めて契約をいただくことができた
・部下が書類をミスなく仕上げられるようになった
・ミーティングで積極的な発言がメンバーから出るようになった

会社から求められる目標達成には遠くても、それまで思うようにいかなかった小さなことができるようになるだけで、喜びが得られ、その積み重ねが自分自身の成長の実感にもつながります。まして自分が思ったようにメンバーが動いてくれ、その結果、大きな成果を生み出すことができたら、とてつもない達成感を得られるでしょう。

成長を実感したメンバーが感謝してくれるというのも、マネジャーにならなければ味わえなかった喜びです。まさに人を育てる醍醐味《だいごみ》といっていいでしょう。

逆説のようですが、これがマネジャーの楽しさです。

うまくできないのは自分に能力がないからではないかと悩んでいる人は、**「マネジャーとはかくあらねばならない」とか「マネジャーの自分が何とかしなくては」という理想や責任感のあまり、肩に力が入り過ぎていませんか。**

しかし、誰がやってもどうせうまくいかないんだからと割り切って、もうちょっと気楽に、マネジャーという仕事を楽しんでもいいのではないでしょうか。

マネジメントの正解は簡単には見つからない

マネジャーを取り巻く環境や、会社のマネジメントに対する考え方は、ここ数年で大きく変化しています。

拙著『チームで最高の結果を出すマネジャーの習慣』(すばる舎リンケージ)で、私は主に営業の現場で〝チームで最高の結果を出すことの重要性〟と、そのために必要なマネジメント技術について書きました。あれから7年近く経ち、その間にも状況はずいぶんと変化しました。

ここでは同書の内容を踏まえながら、今のマネジャーがなぜ苦しく、つらいと感じているのか、その原因を考えてみたいと思います。

営業の現場でチーム力が問われるようになった一番の理由は、**「モノが売れない時代になっ**

た」ということです。

他を圧倒する画期的な商品やサービスであれば、それだけで売れる時代もありました。もちろん今でも、世界でこれだけというモノであれば放っておいても売れるでしょう。

しかし今は情報化の時代です。ちょっと検索するだけで、その商品のことはもちろん世界中の類似商品の情報まで得られます。

競争相手は世界中に広がっているのです。

営業マンより商品知識がある顧客も少なくありません。ちょっと検索して、よそのほうがメリットがあると思えば、簡単にそっちになびいてしまいます。「いいモノなら売れる」という単純な正解がなくなり、答えにつながる道筋がどんどん複雑化しているのです。

一方で、少子高齢化による社会の縮小が続く日本では、モノが売れないのと同じくらい人材不足も深刻です。

かつて私がいた保険業界では、当時は中途採用が当たり前でした。

新卒を採用して育てるより、実績のある人材をスカウトするほうが、より成果が出るからです。あるいは大量に新人を採用してふるいにかけ、最終的に優秀な人材が残ればいいという発想の企業もありました。

ところが今はその法則が通用しません。

実績のある人材を引っ張ってくるためには、高額な報酬を提示する必要がありますが、金額競争になったら体力のない中小企業は大企業に太刀打ちできません。

また、仮にその人材によって一時的に業績が上がったとしても、その人がいなくなればすぐ元に戻ってしまいます。大量に新人を採用したくても、それだけ多くの応募者を集めるのも大変です。

しかも、厳しく鍛えてふるいにかけるにしても、「あそこは半年でみんな辞めていくらしい」「新人研修がかなり厳しいらしい」といった噂が立てば、たちまち人が集まらなくなります。

▼組織づくりは「ピラミッド型」から「逆ピラミッド型」へ

そこで今、企業は「人が辞めない組織づくり」にシフトチェンジしています。

さらに、エースに頼らずとも目標達成するため、チーム力の向上にも目を向け始めました。

結局は、今いる人材を最大限に活用していくほうが、メリットがあるからです。

そこで重要になるのがマネジメント力です。

かつての会社組織はピラミッド型でした。上がこうしろと言う通りに現場が動いて、成果を上げるのが標準的な組織運営でした。

しかし今は組織を「逆ピラミッド型」ととらえています。

営業でいえば、頂点にあるのは顧客の要望や意向であり、それを吸い上げてくるのが現場の営業マン。マネジャーはその下で、メンバーが能力を十分に発揮できるよう支える役目。社長や経営者は三角形の一番下という考え方です。

逆ピラミッドの考え方は90年代から徐々に広まり始めていて、私も当時上司から「社長が一番下なんだ」とよく聞かされたものです。

ところがマネジメント側になったら、「あいつらもっと働かせろ！」と言うマネジャーが多くて、本音と建前の違いに驚いたもの。長年の考え方が消えるには、まだまだ時間がかかるかもしれません……。

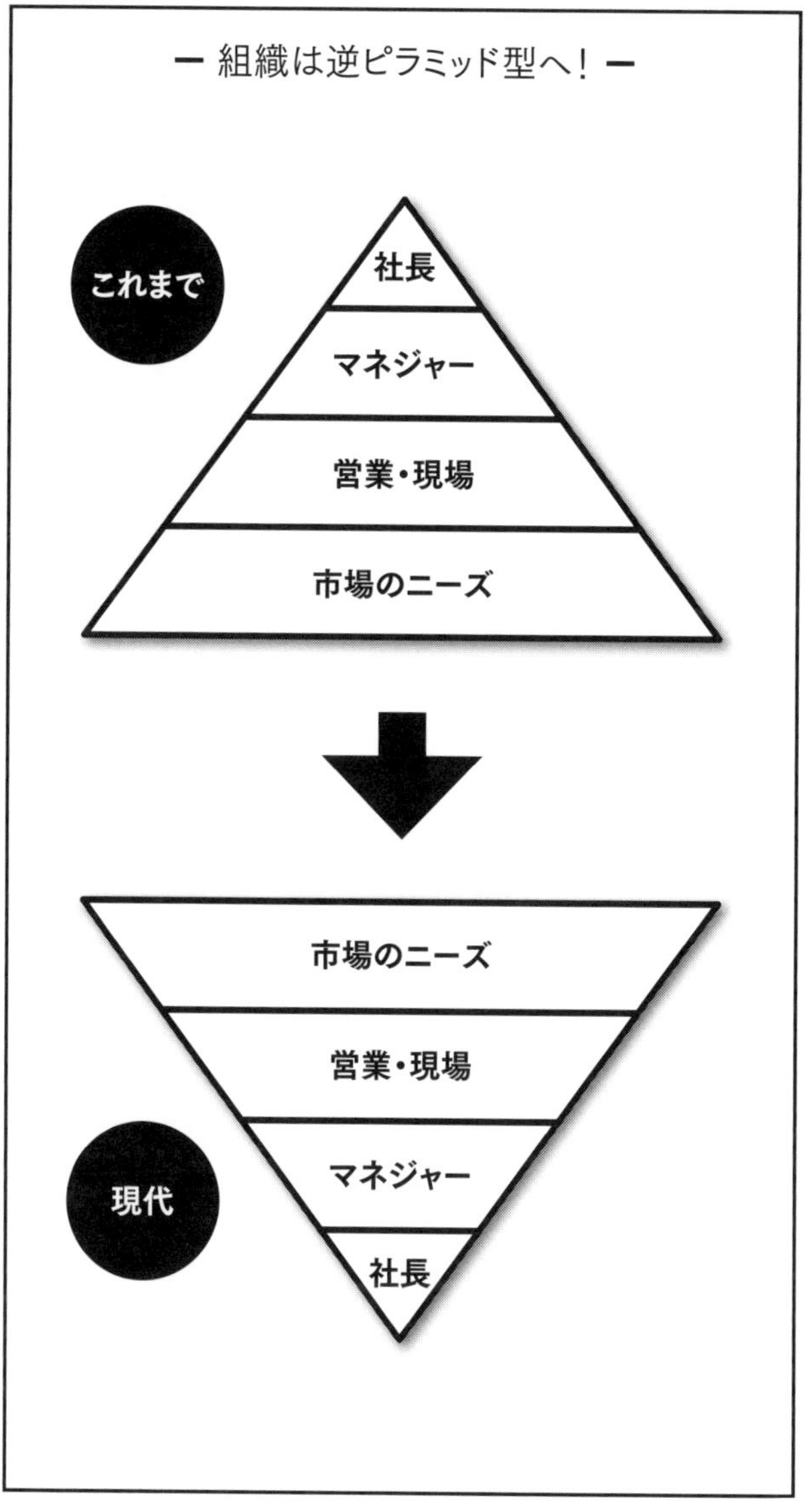
ー 組織は逆ピラミッド型へ! ー
これまで
社長
マネジャー
営業・現場
市場のニーズ
市場のニーズ
営業・現場
マネジャー
社長
現代

「ゆとり世代」に戸惑う、昭和世代のマネジャー

ここまでは前著にも書いたことですが、もうひとつ、現在までの間に大きく変わったことがあります。

それは現在「若手」と呼ばれる20代が、平成生まれのゆとり世代ということです。

実は私のところに助けを求めてくる人のなかには、「20代社員とのつきあい方がわからない」という昭和生まれのマネジャーが少なくありません。

私自身も「新人類」と呼ばれた世代であり、年上の人たちから「今どきの若い者は」と眉をひそめられてきました。私は自分がその枠からはみ出していると思っていましたし、世代に呼称をつけて一括りにするのは違和感がありますが、今の20代を見ていると、確かに以前とは違っていると感じます。

もっとも顕著なのは「価値観の違い」です。

「出世したい」「高級車やブランド品を買いたい」「お金を稼いでいい生活をしたい」といった、わかりやすい欲望が薄まっているということです。さらに言えば、「もっともっと」とハングリーに欲張って動くことがない、指示待ちタイプも増えている印象です。

お酒を飲まない若者も増えました。おかげで宴会の様子も以前とは様変わりしているようです。以前、大学のラグビー部のOB会で、最初の乾杯だけして、そこからずっとお茶を飲んでいる現役の後輩に、「OBがご馳走してくれるこんなときくらい、しこたま飲んでやろうとか思わないの?」と訊ねたところ、「いや、お酒は別に……」と、つれない返事でした。

お酒を飲まないので、泥酔して口論になったり暴れたりすることもありません。スマートといえばスマートですが、若者らしい無鉄砲さが消えた寂しさを感じるのは私だけでしょうか。

もうひとつ感じるのは、彼らには「仕事とは、つらくても歯を食いしばってくらいつくもの」「上司の命令には従うもの」という、かつての常識が通用しないということです。

しかも仕事に正解はないのに、何かをやれと命じると最初はおとなしく従うものの、1回失敗すると次からは言うことを聞かなくなってしまう。

納得できないと平気で食ってかかっていた自分の若いころに比べると、ある意味、精神的には大人になっているような気さえします。

叱られることにも慣れていないので、上司にちょっときつく叱責されただけで〝トんで〟しまいます。〝トぶ〟とは、メールも電話もつながらない、いわば行方不明状態になること。

そのうえで「何を考えてるんだ！」などと追いつめると、簡単に会社を辞めてしまうのですから、社員を辞めさせたくない会社との板挟みになったマネジャーが頭を抱えるのも当然です。

欲しいものはない。お金もほどほどでいい。交流を持とうとたまに飲みに誘っても、酔って本音を吐くことがない。ついカッとして叱責すると、ぷいとそっぽを向くか、下手をするとトんでしまう。

そんな彼らに対し、マネジャーが「何を掲げれば彼らのモチベーションにつながるのかわからない」「そっぽを向かれるのが怖くて叱れない」と嘆きます。

ついには、あきらめてしまいたくなるのはもっともです。

▼30代前半を味方につけ、ゆとり世代を動かせ

このように挙げていくと、とんでもない問題児のように思えますが、一方で今の若者ならではの良い面もたくさんあります。

生まれた時からパソコンやインターネットに接してきた彼らは、新しい技術を使いこなす能力は間違いなく高く、情報にも敏感です。

根性や忍耐といった昭和のスポ根マンガ的価値観を嫌う一方、話し合いによる解決や場をまとめる能力は長けています。

モノを所有することに価値をおかないかわりに、「社会に貢献する」とか「自分が成長する(スペックを上げる、とも言います)」、「挑戦する」ことを重視します。

かつては仕事の報酬といえば「お金」「地位・名誉」だったのに対し、今は「世の中の役に立つ」「誰かのためになる」といった「意義」や「やりがい」にシフトしているということです。

男らしさ・女らしさといった「~らしさ」にもとらわれません。

ネットで世界につながり、多様な価値観を認め合うのが当然という教育を受けてきた彼らは、ある意味、グローバリズムやダイバーシティに自然に対応できる世代とも言えるでしょう。

このような長所に気がついて、彼らなりの居場所を与えてあげれば、立派にチームの一員として活躍してくれるはずなのですが……根性や忍耐といった価値観のなかで育ってきた世代には、彼らの心に届く言葉ややり方がわかりません。これまで接したことのない世代の台頭に対し、どうすればいいかわからなくて困っているのです。

もちろん、時代に即した教育制度やマネジャー向けの研修制度が整っている企業もあります。しかし大多数の企業の現場では、人手不足からプレイングマネジャーがどんどん増えています。自分の業務をこなすのに手いっぱいで、マネジメントを学ぶ時間もないまま悩みを深めているマネジャーが多いのです。

そんなマネジャーによくアドバイスするのが、身もふたもない言い方ですが「昭和世代は、今の20代（特に前半）に直接アプローチしないほうがいい」ということです。

腫れ物に触るようにとまでは言いませんが、ここまで価値観が違うと、直接タッチしないほうがいいということです。

唯一、両者の言い分を理解して、橋渡しになってくれるのが昭和60年代生まれの30代前半です。自分のチームに昭和60年代生まれがいたら、その世代をクッションにすることも勧めています。さらに彼らのやり方を見習うのもひとつの方法かもしれません。

だからといって、昭和世代とゆとり世代が、どこまでいってもコミュニケートできないわけではありません。

私の会社にも何人か20代の若手がいます。彼らにどう接していいか、最初は私も迷いました。しかし彼らも今では一緒に笑い、飲み会などにも積極的に参加してくれています。

こちらの言葉を理解してくれる若者は確実に存在します。

ただ、昔ほど多くないというだけです。

そしていったん信頼関係が築かれてしまえば、同じチームの一員として交流することは可能ですし、彼らなりの情熱を持ってクールに仕事に取り組んでくれます。

問題は、どうすればいち早く信頼関係を築けるかということなのです。

チームで得られる喜びは、独りのときより何倍も大きい

もう一度原点に戻って、マネジャーの役割とは何でしょう？

それは**「会社から人というリソースを預かって、チームの成果を最大化すること」**です。

よく「自分にはリーダーシップがないから、マネジメントはできない」と言う人がいますが、それは大きな間違いです。

リーダーとは「この人についていきたい」というフォロワーがいて初めてなるものですが、マネジャーとはただの肩書きに過ぎません。

もちろん「この課長の言うことならやってやろう！」と思われるようなリーダーシップがある人なら、チーム運営もやりやすいでしょうが、世の中にはリーダーシップがないマネジャーもたくさんいます。

自分にはリーダーシップがないと思っても、メンバーのなかに確実にリーダーシップのある人がいるなら、その人を自分の味方につけて利用することを考えましょう。

それがマネジメントというもの。妬んだり競ったりする必要はありません。

チームには、ずば抜けたエースも必要ありません。

私が保険会社に転職して2年ほどしてから、前職時代の上司に再会する機会がありました。

そのとき言われたのが、「辞めてくれてありがとう」というひと言です。

「おまえがいなくなったおかげで、1人ひとりが自覚してがんばってくれて、ちゃんと予算達成できたよ。おまえがいるとみんな遠慮するし、いやあ、抜けてくれてよかったよ」

確かに私は当時から、営業マンとしては抜群の成績を上げていました。

トップの自分ががんばらなければチームの目標を達成できないという思いから、あとのメンバーは全員アシスタント、自分の成績を上げるためのコマとして見ていました。

エースがいるとみんなが頼るようになります。

あいつがいるからこんな程度でいいやと、本来の力の6～7割しか出そうとしなくなります。

それよりも全員が10割の力を発揮するチームのほうが、成績が上がるのは当然です。

さらに成績が良いことをタテにして、後進の育成やチーム運営という視点がまったくなかった当時の自分を思うと、

「いくら成績が良くても、うちのチームには小林一光はいらないな」

今の自分がマネジャーだったら、間違いなくそう言うでしょう。

▼マネジャーは孤独だが、決して独りきりではない

部下ができ、チームを運営するということは、それに伴う責任も増えます。

それを嫌がってマネジャーになりたくないという人もいますが、たった1人で仕事を続けるというのもなかなかつらいものです。

私は営業マンだったとき、日本一のチャンピオンとして何度もみんなから祝福されました。

でも正直にいえば、1人のときよりチームでトップになったときのほうが、はるかに大きい喜びを感じることができました。

そもそもマネジャーとは孤独なものです。

メンバーの前で、弱音を吐くわけにいきません。

会社と部下の間に立ち、誰にも相談できず悩むこともしばしばです。

それにどんなに親しくなったつもりでも、メンバーとマネジャーの間には目に見えない壁が存在します。それも当然、同じチームの仲間とはいえあくまでも上司と部下ですから、友達のように対等な立場ではありません。

ところが乗り越えたくても乗り越えられなかったその壁が、目標を達成した瞬間だけは消え、チームとしての一体感に包まれるのです。

野球チームのメンバーが、日ごろは監督に反抗的な態度の人も、優勝した瞬間は胴上げに駆け寄るようなもの。その喜びは日々の苦労が多いほど大きく、1人では決して味わえない達成感であり、マネジャーとしての成長も実感できる瞬間でもあります。

マネジャーの仕事は「メンバーの仕事と人生を充実させる」こと

最近「ワーク・ライフ・バランス」という言葉を耳にします。

仕事は仕事、プライベートはプライベートとして、両方の充実を図るという意味ですが、そこには「仕事とプライベートは別物」という感じがしてあまり好きではありません。

私にとって仕事は人生の一部です。仕事に人生を捧げているという意味ではありません。人生という大きなもののなかに仕事というピースがあり、そこでは人生と仕事が重なっている。つまり仕事が充実すれば、そこに重なっている人生も充実するということです。

だから子育てや家庭での経験が仕事に活きることもあれば、その逆もあり得る。仕事と人生は不可分なのです。

もちろんチームのなかにはプライベートを大切にしたい、私生活には絶対踏み込んで欲しくないという人はいます。チームの関係を良くしたいと思っても、どうしてもウマが合わず、顔を合わせればいがみ合ってばかりという人もいるでしょう。

▼迷ったら、「チームとして結果を出すこと」にフォーカスしなおす

それはそれで頭が痛いところですが、そんなのはある程度放っておいていいでしょう。業務に支障が出るなら別ですが、ふだん彼らがどんな生活をしていて、誰のことを好きとか嫌いと思っていても、そこまで関知しなくてもいいのです。

それよりも、マネジャーのミッション「チームとして結果を出すこと」「人を育てること」に集中することを考えましょう。

ふだんはみんなあっちこっちを向いていても、いざというときには一体になり、互いにサポートしあって最大の力を発揮できる。そんなチームにするために、1人ひとりに対してどのようなサポートができるか。どんなマネジメントをすればいいのか。そこに徹することができるようになれば、マネジャーとしてなすべきことが自然と見えてくるのではないでしょうか。

第3章

マネジャーとして、やってはいけない11のこと

企業が再びコミュニケーションを重視しはじめた

バブル崩壊後の90年代前半から、多くの企業が取り入れた成果主義。客観的評価によって人事や報酬を決定し、人件費を削減しつつ生産性を高めるという主旨でしたが、２０００年代に入って軌道修正する企業が目立っています。

自分さえ成績が上がればいいという個人主義の弊害が目立ち始めたのと、無駄を省くだけでは必ずしも生産効率は上がらないことに気づいたのです。

それどころか最近はミーティングを増やしたり、社員参加の行事やサークル活動などを積極的に後押しする企業も少なくありません。

かつての家族的企業経営に戻っている印象さえありますが、以前との違いは、上から押し付けるのではなく、社員からの自発的な行動を重視している点です。

コミュニケーションをとりづらい中高年と若手の溝を埋める意図もあるかもしれませんが、意外と社員からは好評のようです。

人間同士の信頼関係のないところに仕事は成立しません。

営業の現場では、商品力や価格では大差ない商品のなかからどれを選ぶか迷ったら、もっとも信頼できる営業マンから買うでしょう。

「うちは他と取引きしているからいいよ」というところから始めて、「じゃあ試しにキミに任せてみようか」と言わせるまでには、「この人なら」と思わせるだけの人間関係が必要であり、そんな関係を築くには良好なコミュニケーションが欠かせません。

▼嫌いな上司のために、部下は一生懸命働くことはない

マネジメントについても同じことが言えます。

どんな人かもよくわからない上司やメンバーのために、一生懸命働こうと思う人はいません。

給料をもらっているのだからしかたないという人もいるかもしれませんが、上司や仲間を信

頼しているからこそ、一緒にがんばって成果を出そうと思うのがふつうですし、それがチーム力というものです。

問題を抱えて私のところに助けを求めてくるマネジャーたちも、もちろんそのことはわかっています。しかし、いざ自分でやろうとなるとうまくいかないのです。

・メンバーの信頼を得られない
・チームの一体感が生まれない
・メンバーのモチベーションを上げられない

その理由を探ると、たいていの場合、マネジャーが気づかないうちにやっている何気ない言葉や行動が原因になっています。

メンバーの信頼を失うマネジャーの11の行動

マネジメントには、これをすれば絶対うまくいくという正解はありません。

しかし逆に「**これをやったら間違いなく信頼を失い、人間関係を壊すことができる**」という**意味での正解はあります。** 信頼関係を築くのは一朝一夕ではできませんが、壊すのは簡単。ふとした言動がもとで、一瞬にして信頼は消え去ります。ここではマネジャーがついやってしまいがちな「信頼を失う11の行動」について、さまざまな事例をもとに考えてみましょう。

① ポジションパワーに頼る

前章でも書いたように、マネジャーというのはただの肩書き、ポジションに過ぎません。

確かに会社の命令系統のなかでは一般の社員よりひとつ上の立場になりますが、人間としての格まで上がるわけではありません。にもかかわらず、マネジャーだから偉いという勘違いから抜け出せないマネジャーがやってしまうのが、「上司はおれだ。ここではおれがルールだ！」とポジションパワーを発揮することです。

飲食店などでお店の人に横柄な態度で接する人がいますが、これも一種のポジションパワーといえます。相手は業者だ、部下だ、客は神さまでおれは上司、だからエライんだ、と思ってしまうのでしょう。

組織が逆ピラミッド型だということが理解できていない、典型的なパターンです。

自分に自信がない人や、「部下から軽く見られているのではないか」という不安から尊大な態度に出る人もいるようですが、いずれにしろチームがうまくいかない原因のほとんどに、このポジションパワーがからんでいます。

部下からすれば、最初は命令に従ったとしても、それで結果が出なかったら二度と従いたくないと思うでしょう。

子どもの前でだらしない姿しか見せていない親が、偉そうに叱ったところで効果がないのと同じこと。「マネジャーだからって何を偉そうに。仕事の指示も的確にできないくせに」と思われるのがオチです。

感心を得ようと媚《こ》びへつらう必要はありませんが、ポジションパワーを封印し、どんなときも人間として対等に接することが大切です。

自分はそのつもりでなくても、チームのために良かれと思って出してしまうポジションパワーもあります。

メンバーから総スカンを食った、ある女性マネジャーの例がそれにあたります。

彼女は「マネジャーになったからには、自分が何とかしなくては」という責任感から、さまざまなルールを取り入れました。ところが運用にあたって、つい「上司である私の言うとおりにしてください」とやってしまったのです。

チーム運営のためにルールを設けたり、ときには厳しく接することはもちろん大切です。しかしそれが行き過ぎて、熱意が裏目に出てしまうことは少なくありません。真面目で責任感の強い人ほど、その傾向は強いようです。

また、そういう人に限って部下にも自分と同じような緻密さを求めるため、自分基準に達しない部下の欠点が目に付くようになり、次第に部下を信用しなくなります。

部下からすれば、自分を信用してくれない上司からは心が離れていくだけでしょう。

「こんなチームにしたい、こんな上司でありたい」と、理想を描いて臨むのが悪いとは言いません。でも理想が高過ぎる人ほど、実現できなくてガクンと落ち込んでしまいがち。ときには大雑把さや〝ほどほど〟も大切ということです。

② 部下の話を聴かない

きちんとミーティングの時間を設けているのに、コミュニケーションが良くないと嘆くマネジャーの話を聴いていると、ひとつの共通点があります。

それは「自分の話しかしていない」ということです。

「毎日15分チームミーティングをしている」というマネジャーに内容を訊ねたところ、ほとんどの時間をマネジャーからの指示や要求事項に費やしていました。

「チームの全員と、個別に毎日5分話している」というマネジャーも同様でした。最初こそ部下に話を振るものの、ほとんどの時間で自分の指示だけを喋っていました。

これではただの「伝達」であって、コミュニケーションではありません。

マネジャー本人にすれば、自分の想いを伝えたいという熱い気持ちから、つい喋りたててしまうのでしょう。**でも知っておいてほしいのは、部下は上司の話を遮ることができないということ。しかたなく話が終わるのを待っているしかないのです。**

いつも一方的に説教を聴かされるだけのミーティングほどつまらないものはありません。もちろん、こちらの話をろくに聞いてくれない上司を信頼できるはずもありません。そのうちに「今日はうっかりアポ入れちゃったんで」と、適当な口実で逃げ出す人も出てくるでしょう。

しかも、そういう一方通行のミーティングでも良しとしているマネジャーほど、えてして部下をしっかり見ていないものです。

トラブルを抱えていたり自信がないとき、人はうつむきがちになったり、視線を合わさなくなるものですが、そんな変化にも気づかないので、「ん、どうした？」と適切な声がけができません。

部下はますます悩みを深め、小さかった問題が大きなトラブルに発展するまで1人で抱え込むことになります。

③ 感情的に叱る、怒鳴る

ポジションが上だから偉いわけではありませんが、上にいくほど自分の自由になる機会が増え、横暴ができるようになることは確かです。部長は課長に、課長は係長に自由に命令できる。だから自分は偉いと錯覚し、感情が先走ってしまうのです。本当は自由が増えるほど人間性を試される場面が増えるということなのですが。

部下がミスをしたら叱るのは当然ですが、感情が先に立つと、教育的な叱責というより怒鳴る・怒るという状態になります。

昔は「おまえ何やってんだよ！」と怒鳴っても許されました。しかしそれは、上司が感情をあらわにしても、下の人間が怒るわけにいかないだけ。上司とは怒鳴るものだという暗黙の了解のもと、嵐が去るまで首をすくめていたに過ぎません。

上司に怒鳴られても平気で食ってかかるような社員もいますが、叱られるのに慣れていない若い世代にとっては、顔を真っ赤にして怒る上司は恐怖でしかありません。言いたいことも言えず、萎縮してしまうでしょう。場合によってはパワハラとも受け取られかねません。

難しいことですが、厳しく叱らなくてはいけない場面ほど、感情をコントロールしなくてはいけないということです。

かくいう私も、いまだに感情を爆発させてしまうことがあります。ただし、怒鳴った瞬間に「まずい、感情的になっている」とわかるので、**その場ですぐに「ごめん、ちょっと感情的になった」と謝るようにしています。そして冷静になってから怒った理由を説明します。**

素直に部下に謝れないというマネジャーは少なくありませんが、それは自分が上司だからという妙なプライドがあるからではないでしょうか。

間違いを部下に指摘されても認めようとせず、それどころか「おまえに何がわかる！」などと、またも感情的に怒ってしまうのも一種のポジションパワー。「あの人は絶対自分のミスを認めないんだよな」という認識は、信頼を失わせる立派な理由になります。

「自分は謝るのが苦手」という人は、心のどこかに、このような間違ったプライドを引きずっているのかもしれません。一度、日ごろの行動を振り返ってみてはいかがでしょうか。

ところで、飲み会などで「今日は無礼講だ、思っていることを何でも言っていいぞ」と言っておきながら、いざ部下が正直に言ったとたん「何だと！」と怒る人がいます。

私も以前、それで上司と口論になったことがあります。ふだんは怒るタイプの人ではなかったのですが、おそらく私が痛いところを突いてしまったのでしょう。相手はお酒の勢いもあって「若造のくせに生意気な」という気持ちが出てしまったようです。

酒の席での直言は、大きな気持ちで受け止めて自分の反省材料にするか、「こいつ度胸あるな」と笑って受け流すに限ります。まして翌日まで引きずるようでは、ただの「器の小さい上司」になってしまいます。

④ 結果（数字）にしか興味がない

マネジャーの最大のミッションは、チームの力を引き出して最大限の成果を上げること。しかしそこにフォーカスするあまり、数字や結果にしか興味がないマネジャーがいます。

売上げ数などをグラフにして貼り出している会社をよく見かけます。競争意識や緊張感を持たせる意味もあるので一概に悪いとは言いませんが、横並びにして数字にだけ注目させせるのは間違いです。

チームには、自分なりの工夫をしてやっと20個売ることができた人もいれば、いつも通りのやり方で100個売った人もいます。単純に数字だけを見たら、100個売った人だけが優秀で、20個売れた人の工夫の部分は評価されないことになります。

その結果、「成績さえよければ何をやってもいい」という意識が生まれると、かつての私のように、自分以外を全員アシスタント扱いするような横暴が許される土壌を生み出すことになりかねません。

もし私が数字を貼り出すとしたら、数字だけでなく達成率も見えるようにするでしょう。

目標通り100個売った人は、それはそれですごい。でも20個の目標に対し、25個売った人がいたら、それもすばらしい。自分のチームには「目標だけがライバル」になってほしいと思っているからです。

数字だけに注目しているうちに、何のために数字を追いかけているのか、わからなくなることもあります。

新人にはよくあることですが、たとえば「週に15人のアポイントを取ってこい」というと、アポを取ることだけが目的になってしまい、何のために人と会っているのかを見失ってしまうのです。月末が来るたび「もう1件契約取れるまで帰ってくるな！」と厳しく追い込まれ続けたあげく、仕事の本来の意義が見えなくなって会社を辞めた人もいます。

企業にとって、数字や目標を追うことはとても大切です。しかし「人を育てる」という視点が抜けて目標達成だけが目的になってしまうと、一時的な成果は得られても、メンバーが疲弊するだけで組織としての成長を持続するのは難しいでしょう。

結果はもちろん大切です。仕事ですから数字を追うことを忘れてはいけません。

しかし効率だけを考えてムダを排除するのは、必ずしも正しくないと思います。

ちょっとしたプライベートな世間話から大きな契約につながることもあるように、マネジメントでもムダに見えることが回りまわって結果につながることがあります。

結果（数字）でしか判断できないマネジャーでは、モチベーションやプロセスといった、目に見えない部分は評価できないということです。

⑤ 欠点ばかり指摘する

私の知人には、元プロ野球選手で投手だった人が何人かいます。彼らが口を揃えて言うのが「入団した時が、一番球速があった」ということです。

彼らによると、入団してから、とにかくコーチから欠点ばかり指摘されたそうです。フォームが悪い、腕の使い方が間違っている云々かんぬん。

しかし相手はコーチです。おとなしく従っているうちに、自分の良いところがまったくわからなくなってしまったというのです。最初は平気で140キロ出ていたのに、退団時には120キロがやっとだったという人さえいます。

もちろんこれは当時の話で、今は指導法も変わっていると思いますが、少なくとも欠点ばかり指摘しても才能を伸ばすことは難しいということです。

営業マンのトレーニングのひとつに「ロールプレイ」というものがあります。

顧客と会話する設定でやりとりを録画し、上司がそれを見て評価するのですが、たいてい何回かやるうちにほとんどの人が嫌がるようになる。

なぜなら、上司が欠点ばかり指摘するからです。

「この挨拶の仕方は何だ」「指先でペンを回すクセをやめろ」「声のトーンが暗い」「笑顔が足りない」など。そうやってどんどん減点されていくうちに、「ロープレやっても、どうせけなされて怒られるだけだからな」となり、「あ、すみません、今日はアポ入れちゃったんでロープレできません」などと逃げ出すようになるのです。

確かにペンを回すとか妙な口癖など、本人が無意識のうちにやっていることを気づかせるには有効な方法でしょう。

しかし世の中に癖や欠点しかない人がいるでしょうか？「気持ちいい挨拶ができている」とか「前回できなかったことができるようになった」といった良い部分は、まったくないのでしょうか？

みんながロープレを嫌がる一番の原因は、まさにここにあります。

欠点は欠点としても、良い点を積み重ねて評価するほうが、「前より得点良くなったな」「次はここを直そう」と前向きになれると思うのですが……。

このように言うと、特に40代、50代くらいのマネジャーで「でも自分は褒めたことがないからわからないんです。どうやって褒めればいいんですか?」と言う人がいます。

「褒めるとお世辞を言っているみたいで、歯が浮いてしまいます」「この前、若い子を褒めたらプッと笑われてしまって」「珍しく女性を褒めたら、セクハラだと怒られました」と、真面目にぼやく人もいます。

そういう人は、おそらく自分が褒められたことがないのでしょう。

自分自身が若いころからここがダメだ、あそこを直せと言われてきた経験しかないので、部下にも同じように接するしかできないのです。

「それに、何も褒めることがないときはどうしたらいいですか?」

そんな質問にはこう答えます。

「そんなの、何となく『うわ、すごいね!』とか『笑顔がいいね!』でいいんですよ」

何がすごいか、笑顔がどういいかなんてわからなくても、言われたら何となくいい気分がして、明るい気持ちで仕事に向き合えるはず。みんなが気分よく仕事できるようにするのも、マネジャーとして大切なことではないでしょうか。

⑥ えこひいきする、陰口を言う

マネジャーになって最初に心がけたのは、メンバー全員に公平に接するということでした。

「遅刻するな。日報を出せ。ミーティングには必ず出ろ」

ちっとも売上げが上がらない新人は当然として、成績の良い人やベテランにも同じように言いました。細かなことは言いませんが、最低限のルールは守るよう全員に徹底したのです。

成績が良かったり、チームで中心的な役割りのメンバーに対しては、つい甘くなりがちなマネジャーがいます。逆に、上司の自分のほうが偉いという意識からか、優秀な部下を正当に評価しない人もいます。

メンバーはそんなマネジャーの態度にとても敏感です。

「どうせあいつは優秀だから」「あの人は、人をちゃんと評価できないダメなマネジャーだ」と、不満や不信感を抱くようになります。

他のメンバーの悪口を言うのも、やってはいけないことのひとつです。

かつて私の上司だった人で、しょっちゅう部下の悪口を言っている人がいました。何人かで帰りの電車に乗り合わせたときなど、誰かが降りると必ず「今、本人いたから言えなかったけどさ」と始まります。私たちは陰で「最後自分だけになったら、自分の悪口言ってるんじゃないの」と笑っていました。

酔うと必ず部長の悪口を言う課長もいました。ふだんは部長に一切逆らわず、頭を下げている姿を知っている私たちは、これまた「あ〜あ、まただよ」と笑ったものです。

ここまで来るとコントのようなもので、本当に笑うしかありませんが、態度に裏表のある上司など誰も信頼しません。

正当な批判であれば陰で言わず、面と向かって堂々と言えばいい。陰で自分のことを何と言っているかわからない人に向かって、本音でぶつかることなどできません。

それに今はＬＩＮＥやメールでメンバー同士がつながっていることが多いので、うっかり喋ったひと言が翌日、いや、早ければ1時間後には本人の耳に届いていることも珍しくありません。翌朝出社したらみんなの見る目が変わっていた、なんてことも十分あり得るのです。

⑦ 情報を共有しない、隠す

なぜか情報を共有したがらないマネジャーがいます。

もちろんマネジャー限定の、部下には洩らせない情報もありますが、それほど重要でないことまで隠したがる人もいるのは不思議でなりません。

仕事に関係する情報を出し惜しみされ、肝心なときに支障が出ることもあります。

「隣の席の仲間とは顔を合わせる機会があまりなく、今どういう企業を攻めているかも知らなかったため、出向いた先でバッティングしてしまった」

「同じチームのAさんの研究テーマを知らなかったBさんが、後から同じようなテーマに着手し、結局時間の無駄になってしまった」

どちらも実際にあったケースです。

チーム内の誰がどんな企業に営業をかけているとか、どんな開発テーマを抱えているといったことは、マネジャーなら知っていたはず（知らなかったら大問題です）。最初に教えてくれていれば、タッグを組んで効果的に攻めたり、協力して短時間で研究開発できたかもしれないのに……「それ、先に言ってくださいよ！」と、文句のひとつも言いたくなります。

何かにつけ情報を隠すマネジャーには、ふたつのタイプがあります。

ひとつは「情報は共有すべきという発想が抜けているタイプ」です。まだ噂レベルでも重要な情報を知らされないまま取引き先を訪問し、恥をかいたという人もいます。怒っても「悪い悪い」で終わってしまうので、怒る気どころかやる気まで失せてしまいます。部下たちが「自分で何とかしなくては」と思うようになるという意味では、悪い上司ではないのかもしれませんが、マネジャーとしては機能していません。

もうひとつが「自分に自信がないタイプ」です。うがった見方をすれば、部下が知らない情報を自分は知っている、という優越感に浸りたいということでしょうか。

自信がないタイプのもうひとつのパターンで、「自分のチームには、よけいなことを言わないでくれ」と、メンバーが外部と接触するのを嫌う人もいます。

入ったばかりの新人なら、変な入れ知恵やよけいな情報で混乱させたくないというのもわかりますが……まさか「メンバーを自分色に染めたい」ということではないと願います。

もっと極端なところでは、デスクの間にパーテーションを設け、隣同士の会話もできなくしてしまったマネジャーもいます。自信がないのを通り越し、「みんなでつるんだら何を言われるかわからない」と思ったのかもしれませんが、いずれにしてもマネジャーとしては不適格でしょう。

確かに昔は上司に「これはこうしろ」「他社は今こういう状況だ」と言われれば、そうかなと思いながらも従っていました。

しかし今はちょっと調べれば情報はすぐ入手できます。特に若い人ほど、何かやる前に情報を取るのは当たり前。「課長はさっきこう言ってましたけど、今調べたら全然違いますよ」「今はこのやり方が一般的です」などと簡単に見透かされてしまうでしょう。

仕事のことだけではありません。

たとえば最近休みがちなメンバーがいたら、みんな理由が気になるはず。

もちろん本人の希望で口外できないこともありますが、「ここだけの話、あいつは今家庭が大変だから助けてやってくれ」などと打ち明けられたほうが、「よし、みんなであいつの分までがんばろう」と仲間意識が生まれると思います。

何でもかんでも共有しろとは言いません。でも「これは全員に伝えよう」「こっちは主要メンバーだけに伝えておこう」といった判断もマネジャーの仕事。

チーム内でのよけいな隠しごとは、不信感を募らせるだけでメリットはありません。

⑧「話しかけるな」オーラを出す

自分がマネジャーになって驚いたのは、「マネジャーは忙しい」ということです。

営業マン時代は、商談中判断に迷うことがあると、すぐに上司に電話して判断を仰いだり、アドバイスを受けていました。当時はまだ携帯電話がない時代。昼食などで外出していれば当然出られませんし、他の用事で手が離せないこともあります。

でも、そんな事情はお構いなしに、「こっちはすぐ解決したいから電話しているのに、使えないマネジャーだ」と舌打ちしていたものです。当時の私にとってマネジャーとは「朝から晩まで会社にいて、その対価として給料をもらっている」という認識だったのです。

ところが自分がマネジャーになって、見方は180度変わりました。

そもそもメンバーは「電話しているのは自分だけ」と思っていますが、マネジャーからすれば相手はチームの全員です。しかも本人は緊急と思っていても、実際はたいしたことのない用件も多々あります。すべてに対応していたら、とてもじゃないが時間が足りません。

「メンバーがこんなにいるのに、いちいちおまえの電話に出てられるか！」と言いたくなったことも、一度や二度ではありません。プレイングマネジャーが増えている今、このような悩みを抱えているマネジャーは多いことでしょう。

困っている部下に助言したり、指示を与えるのがマネジャーの役割りとわかっていても、それに時間を取られ過ぎるとプレイヤーとしての自分の時間がなくなってしまう。自身のノルマとチームのバランスをどう取ればいいか、タイムマネジメントは本当に難しい問題です。

私はマネジャーになったとき、マネジメントに専念するために自分の顧客はすべてチームのメンバーに振り分けました。それでも自分の時間が取れなかったのですから、現場の仕事を今まで通り続けながらマネジメントもとなったら、時間がないのは当たり前です。

本来であれば、マネジメントのために現場業務を少し減らしたいと上に掛け合うこともアリですが、現場の仕事が好きで離れたくない気持ちもわからないではありません。

また、企業側の事情でプレイングマネジャーをしている方もいると思います。

ふだんからメンバーの話を聴く時間をあらかじめ設定し、よほど緊急でないかぎり、その時間に集中して相談に乗るなどの工夫も必要でしょう。

ある大企業では、上司と部下の本音をぶつけあう一風変わったミーティングをおこなっているそうです。上司に対する日ごろの気持ちを附せんに書いて貼り出し、それを見ながら話し合うというのです。

そのミーティングでほとんど毎回登場するのが、「話しかけるなと背中で言ってる」「顔が怖くて話しかけられない」といった、忙し過ぎる上司に対する不満や愚痴だそうです。

それを聞いた私も思い当たることがありました。

「何でこんな大切なことを早く言わなかったんだ！」と叱責した部下から、「だっていつも忙しそうだから、話しかけられません」と何度言われたことか。

日ごろからできるだけ話しやすい雰囲気をつくろうと心がけ、部下にも「困ったらいつでも来いよ。何でも聴くから」と声をかけていました。

しかし毎日があまりに多忙ゆえ、つい「話しかけるなオーラ」を出してしまう。仕方ないこととはいえ、そこはマネジャー自身が意識して改めるしかありません。


忙しい上司がやりがちな行動のひとつに「何かをしながら話を聞く」というのもあります。たとえば至急の要件でメールの返信をしていたら、部下が近寄ってきて何か話したいことがあるという。そこでパソコンに向かったまま「今忙しいけど、まあいいよ。何?」などと言ってしまうことはないですか。

メールも急ぐけれど部下の様子も気になる。どちらも大切だという気持ちから、ついそのように対応してしまうのですが、部下にすればどうでしょう。

自分のほうを向かないマネジャーには「この人、ちゃんと聞いてくれてるのかな」と不安になるでしょう。あるいは忙しい上司に遠慮して、「いや、やっぱりいいです」となるのではないでしょうか。そうなると、ただでさえ話しにくいトラブルやクレームといった相談ほど後回しになる可能性があります。

「今このメール送ったらすぐ聴くから3分待って」と言う。それともパソコンをいったん閉じて部下に向き合う。

プレイヤーとしての忙しさを口実にせず、相手の話をちゃんと聴くマネジャーの姿勢を明確に示すことが大切です。

⑨ 自分のやり方を押し付ける

部下の個性を認めず、自分の枠にはめようとする意味では、⑤の「欠点ばかり指摘する」マネジャーとも似ています。

現在企業は、現場の中核にいるマネジャーたちの能力を向上させようとさまざまな教育システムを取り入れています。しかしどんなに講義を受けてもうまくいかない。そんなとき思い浮かべるのは、やはり「こんなとき自分だったらどうしたか」「あのとき先輩にこう教えられて乗り越えてきた」という経験でしょう。

もちろんそのこと自体が間違っているわけではありません。その人はそのやり方でちゃんと成果を出してきたのですから、ある意味正しい。

しかしそれはあくまでも個人の経験です。

メンバーに伝えるためには、時代や場面が変化しても通用するよう理論化しなくてはいけません。要するに、きちんと言葉で説明しなければ相手に伝わらないということです。

昔だったら「そんなの自分で考えろ!」と言われ、しかたなく我流でやり方を見つけてきました。でもそれは、先輩も理論的に説明できないから「考えろ」と言っただけ。つまり延々と我流が積み重なって来ただけであって、我流を教えようというのがそもそも無理なのです。

これはプレイヤーとして優秀で、結果を出してきた人ほどやりがちなことといえます。

長嶋茂雄さんの「来た球を打て」という名言は有名ですが、天才でない人にそれは通用しません。当時の私も営業のやり方をどう教えればいいか悩んだ時期があります。

「おれの経験からいったら、こうなんだよ」「いいから、やれったらやれよ」というのは簡単ですが、それでは「それはあんただからできるんだよ」「おれたち、一光さんじゃないし」と反発されるだけ。自分のやり方が正しいという自信があるなら、それがなぜ効果的で、どうして成果につながるかを説明し、相手を説得しなくてはなりません。

理論の裏付けがあればみんな納得してくれますが、理論もないまま「いいからやれ」と命令されたら、誰も従わないでしょう。

ルールという形でやり方を押し付ける人もいます。

たとえば今まで1枚で済んだ報告書の書式が、マネジャーが替わったとたん2枚に増えた。使い慣れていた資料のレイアウトをいきなり変えてしまった等々です。

明らかに効率的でメリットがあると一目瞭然なら、「さすが、デキる上司」と信頼されますが、効果もよくわからないまま「私は今までこうやってきたから」「このほうが効率的だと思うから」では、メンバーは反発するでしょう。

⑩ 軸がブレる

マネジャーの仕事のひとつに、外部の環境変化に素早く対応するということがあります。

変化を察知したら、すぐにチーム編成を変えるなど対処にあたらねばなりません。極端な場合、朝出した指示と真逆のことを夕方に伝えることさえあるでしょう。

思いつきだけの朝令暮改《ちょうれいぼかい》ははた迷惑ですが、私はそこに「状況がこう変わったから」という理由があるなら、しかたないことだと思っています。

いけないのは、「上から言われたから」という理由だけでころころ変えること。

「朝はああ言ってたのに、また何か部長から言われたんじゃないの?」「どうせ上から何か言われたらすぐ変わるんだから」と思われるようになったら、誰も指示に従わなくなります。

けれど、「このほうがお客様のためになる」「メンバーのためになる」といったブレない軸があるなら、みんな理解してくれるのではないでしょうか。

もっとも世の中には「上だけを見る」という軸だけをブレずに持ち続ける人もいるようです。

以前つきあいのあった会社のマネジャーで、徹底的に上だけを見続けて、ついに支店長まで昇りつめた人がいました。部下からの信頼はまったくなかったものの、「それはそれでエライですよね」と妙な評価をされていたものです。

納得できる理由がある変更だとしても、メンバーへの根回しを忘れて信頼を失うこともあります。**自分としてはもう決めていることでも、主要なメンバーくらいには事前に打診しておくべきでしょう。**

「こういう状況だから、ここを変えようと思うんだけど」

「いいんじゃないですか」

「よし、じゃあこれでいくぞ！」

一切根回しがないまままころころ方針を変えられると、「えっ、そんなの聞いてないよ」となってしまいます。そういう人だからしかたないと思ってもらえればいいですが、一歩間違うと「いつも突然、何か言い出す迷惑上司」になりかねません。

方針やシステムの変更といった大きなことに限らず、「今日急に部長とミーティングが入っちゃったから、あの打ち合わせは明日にしてくれ」「急に支社長が来店するから時間を変更してくれ」といった小さな変更も、積み重なると信頼を失います。

自分が上司だから、勝手に何かを変更しても許されると思うのは、これも一種のポジションパワー。「この人はおれたちのほうを向いていない」という評価につながります。

⑪ 距離感がわからない

同じチームになって間もないマネジャーに、いきなり「今度家に来ないか？」と誘われたことがあります。「えっ⁉」と思ったものの、断る理由もありません。しかたなく何人かでうかがいました。

てっきり奥さんの手料理でも振る舞ってくれるのかと思ったら、なんとそのマネジャーはまだ独身。心のなかで「この人、大丈夫か⁉」と思ったものです。

初めてチームに配属された女性社員を、いきなりお酒に誘って失敗したマネジャーもいます。女性が少ない部署だったため接し方に困り、しかし特別扱いもいけないからと、ふだん男の部下にするのと同じことをしてしまったのです。相手は何か特別な意図があるのではないかと勘繰り、引かれてしまったそうですが、当然のことでしょう。

まるでウソのような話ですが、このように人との距離感がわからずにコンタクトに失敗する例は意外と少なくありません。

ふだんから人づきあいに慣れていない、真面目な人ほどやってしまうようです。今は部下が全員異性という職場も少なくありません。それどころか年上ばかり、外国人ばかりということだってあります。

そんなとき、チームに早く溶け込もうとして相手に受けそうな話題を口にする人もいますが、無理をする必要はありません。そんなことをしなくても、ふだんのコミュニケーションのなかで信頼関係を深めることはいくらでも可能だからです。

重ねて言いますが、チームは仲間ではあっても友達とは違います。ましてマネジャーと部下という立場であれば、やはりそこには厳然たる上下関係が存在します。

ときには1対1で、夜中まで酒を酌み交わす関係も大切です。

でもチーム全体の飲み会では「あとはみんなでおれの悪口でも言ってくれ」と、一次会で引き上げるような大人のスマートさも必要です。

遠慮がちではいけないけれど、踏み込み過ぎてもいけない。

そこのさじ加減は、部下に任せるのではなく、マネジャーが気を遣うしかありません。

問題のあるところには、必ずコミュニケーションの欠落がある！

部下との人間関係がうまくいかず、チームから追い出されてしまったマネジャーがいます。「もうこの人の下ではやっていけない」と上に直訴されてしまったのです。

そこまでいかなくとも、「何か言われるのが怖くて、面と向かって話ができない」「今日は何を言われるかと思うと会社に行くのが怖い」という人。逆に「どうせ嫌われているんだから、もう何でもいいいや」と開き直ってしまう人もいます。

人間関係の悩みは、やはりマネジャーになって日が浅い人に多いようです。

新人マネジャーとして張り切るあまり、肩に力が入り過ぎる。

毎日一生懸命取り組んでいるけれど、周りを見渡す余裕がなく、メンバーの心が離れていっていることに気づかない。

そしてある日突然、自分が崖っぷちにいることに気づき、私のところに助けを求めてくるのです。

▼肩の力を抜いたほうが、うまくいく

そんな人に私が言うのは、「最初に失敗して良かったですね」ということです。

確かに人生最大のピンチと思い、一度はがくんと落ち込むでしょう。

しかしそこから得た学びを活かせれば、次はきっとうまくできるようになる。そうやって崖っぷちから立ち直ったマネジャーを、私は何人も見ています。

むしろ、最初からうまくいく人のほうが危険かもしれません。

たまたま運よく何も起こらなかっただけかもしれないのに、「自分はできる」というプライドが生まれ、失敗が怖くなるからです。

マネジャーとしての成長を考えると、そのほうがマイナスです。

マネジメントに困り果てたある女性マネジャーが、ものすごく優秀な先輩マネジャーの話を

聴きに行ったところ、こう言われたそうです。

「私は『部下はみんな頭いいなぁ』って思って任せているだけよ」

そのひと言でストンと肩の力が抜けたそうですが、世の中は案外そんなものかもしれません。

今はつらくても、ここを乗り切ればマネジャーとして成長できると前向きにとらえ、今の危機を乗り越えることに集中しましょう。

第4章

信頼を築き、人を育てる、最高のマネジメント

人間にしかできない「気配り・気遣い」のマネジメント

マネジメントにおいて、かつてないほど人づきあいが重要になっています。

近い将来、マネジャーの仕事もＡＩ化されるのではないかという声があります。確かに単純に生産性を上げげたい、コスト管理したいという部分ではそれも可能でしょう。

しかしチームのモチベーションを上げて課題に取り組み、最大の成果を上げるためには、気配りや気遣いが欠かせません。

ＡＩにできなくて人間にできること、それが「気」を働かせることです。

ＡＩ化とまでいわなくても、ルールを整備すれば成果は出せるという人もいます。

しかしルールに沿って動けばいいという環境に慣れると、人は自発的に動かなくなります。

それでは人は育ちません。わくわくするようなアイデアや、世の中を変えるイノベーションも生まれないでしょう。

ところが最近は、人づきあいが下手な人が増えているような気がします。若い人なら、リアルな人間関係の経験が乏しいからしかたないで済むかもしれませんが、30～40代でも苦手だという人が少なくありません。

もともと社交的だったり、相手の懐に飛び込むのが上手な人はいます。しかし社交的ですぐ友達になれるのと、仕事で信頼されるのは意味が違います。

内気で物静かでも、メンバーに尊敬され、外部から「あの人は仕事ができる。信頼できる人だ」と言われる人もいます。逆にものすごくチームが仲良いのに、成果に結びつかないケースもあります。チームの関係を良くしたいのは、その先にある「目標」を達成したいから。その目的を忘れることなくチームを導く手腕がマネジャーには求められています。

▼マネジメントの3つのフェーズ

私は最初にマネジャーになったとき、自分より年下でも、優秀だと思う先輩マネジャーに教えてもらったことはありますが、本を読んだりセミナーに通ったことはありません。

ただ、それまで見てきた上司のなかには、「こういうマネジャーにはなりたくない」と思う反面教師のお手本がいっぱいあったので、まずはそこを手掛かりにスタートしました。

ところがいざ自分でやるとなると、毎日が失敗の連続でした。

次はこうしよう、こんなふうにしたらどうだろう、と試行錯誤を繰り返しながら、自分なりの理論を積み重ねるしかありません。

本を読み、セミナーに通うのもいいですが、結局は日々の経験を通して自分のやり方を見つけるしかない。それが「マネジメントには正解がない」という理由でもあります。

ここからは、そんな私自身の経験から編み出したマネジメントのノウハウを紹介します。

マネジメントには大きく分けて3つのフェーズがあります。

ひとつは「マネジャーの基本姿勢」。チームに接する前に必要な、マネジャーとしての考え方・心得です。

ふたつめは「信頼関係を築くコミュニケーション術」。職場におけるコミュニケーションは、ただ仲良くなるのが目的ではありません。プライベートでは「こいつは面倒だから近寄らないでおこう」で済んでも、チームの一員であれば関わらないわけにいきません。ましてそんな人からも「この上司の下で仕事をしたい」と信頼されるためには、どのようにコミュニケートすればいいかということです。

そして最後が「人を育てるマネジメント術」です。マネジャーの最大のミッションはチームの目標達成ですが、人材を育てるのも大きな課題。逆にいえば、メンバーの成長なくしてチームの成長もありえないわけですから、どのような取り組みをすればメンバーが成長するか考え、実行することはとても重要です。

まずは基本姿勢を読んで、日ごろの自分の行動を振り返ってみてください。

そのうえで自分のチームに合う形で人を育てるシステムを考え、メンバーとのコミュニケーションを深めながらシステムを動かしていくことを考えましょう。

マネジャーの基本姿勢

マネジャーの基本姿勢1

「メンバー主語」を徹底する

「顧客主語」という言葉があります。製品開発にしろマーケティングにしろ、常に「顧客にとってどんな価値があるか」「どうすれば顧客の役に立つか」と、顧客を中心にした発想をしようという考え方です。この発想をマネジメントにあてはめると「メンバー主語」になります。「どうすれば強いチームにできるのか」「指示通り動かすにはどうしたらいいか」

これらは、自分がどうすればいいかという自分主語です。

一方「メンバー主語」とは、「このメンバーが成長するためには何が必要か」「彼のモチベー

ションアップには何が必要か」といったメンバー中心の発想です。

この「メンバー主語」に基づいた指導を考えるためには、メンバーのことをより深く知る必要があります。仕事の能力・力量はもちろん、どんな価値観を持ち、日々どんな姿勢で仕事に取り組んでいるか。ときには過去にどんな経験をし、今どんな環境で暮らしているかなど、人生にまでフォーカスする必要も出てきます。そこに仕事上の問題解決や成長につながるヒントが隠れていることも多いからです。

この「メンバーのため」という思いは、「嫌われてもいいから、マネジャーとしての役割を演じ切ろう」という覚悟につながります。

「私はいつもあなたのためを思っているという思いは、いつか必ず伝わる」

「メンバー主語」を貫くということは、この信念を持つということでもあります。

マネジャーの基本姿勢2

ポジション意識を捨てる

マネジャーに任命されたら誰もが張り切るのは当然です。仕事の実績が認められた喜びや責任感で、「これからやってやるぞ！」と意欲にあふれることでしょう。一方、マネジャーになって数年の人なら、「自分はこのやり方でやってきた」というそれなりの自負を持っているはず。**しかしその張り切りや責任感、プライドはこの際捨ててください。**

意欲を持つのはかまいませんが、張り切り過ぎやプライドは、えてして「自分が何とかしなければ」という自分主語につながります。

自分の間違いを指摘されても、素直に謝ったり、方向転換できなくなるだけ。ですからマネジャーとしてはただの新人のつもりで、いったん自分をゼロにリセットしてください。

マネジャーはただのポジションです。組織の考え方が逆三角形になった今、マネジャーとして現場を支えろと会社に命じられたに過ぎません。

この「マネジャーはただのポジション」という意識が身につくと、いいことがあります。**ポジションパワーを封印できるというのはもちろんですが、もうひとつ「マネジャーの仕事を俯瞰《ふかん》して見られるようになる」のです。**

ポジションパワーはともかく、「俯瞰して見る」とはどういうことでしょう。

わかりやすい例で言うと、メンバー相手にどんなに腹が立っても、「この人は自分にではなく、マネジャーという職種に対してこういう態度をとっているんだ」と思えるようになるということです。

どんなに不平不満をぶつけられても、「マネジャーだからしかたないか」と思えば、感情的にカッとなるのを抑えることができます。

それどころか、こいつとは絶対ウマが合わないと思うようなメンバーに対しても、「こんな性格の合わないやつともうまくやっていけるようになれば、自分も成長できるな」と広い心で接することができる。人間としてもひと回り大きくなれるということです。

マネジャーの基本姿勢3

タテとヨコの関係を理解する

「部下」という言葉には上下の意識がつきまとうようで、あまり好きではありません。

私が「部下」と言わず「メンバー」と言うのはそのためです。

しかし、まったくフラットな横並びの関係と考えているわけでもありません。たまに「チームはみんな平等、仲間だ」という会社もありますが、そういう仲良しクラブ的な関係は基本的にすべきではないと思っています。

理由のひとつは、仲良しチームのマネジャーでは人を指導できないからです。

失敗は失敗として、ときには厳しく叱責するのもマネジャーの仕事ですが、仲良しチームでは「まあいいよ、今回は状況が悪かったね」と簡単に許すことになりかねません。

もうひとつ、「責任の所在が明確でなくなる可能性がある」のも理由です。

本当にマネジャーがメンバーと同等だったら、マネジャーの許可は要らないと誤解するメンバーが出てくるかもしれません。それではマネジャーという役割自体が不要ということになってしまいます。

私がメンバーによく言うのは、「やりたいことはやっていいよ。でもおれの許可なしでやったら、責任はおまえが取れよ」ということです。

そのかわり、ひと言でも相談があって、私が「いいよ」と許可したことについては、何があろうと私が責任を取る。それがマネジャーの役割りだからです。

これには「指示待ちの社員をつくりたくない」という理由もあります。

上からの指示で動くピラミッド型に慣れると、指示がなければ動かなくなってしまいます。言われた通り動いているほうがラクなのでしかたありません。

しかし、みんなが指示待ちになったら、組織が停滞してしまいます。メンバーに自発的に動く習慣をつけさせなければチーム力はアップしません。

これはメンバーの自由にさせるということとは違います。

組織の考え方が逆ピラミッドになっても、会社の命令系統のなかではマネジャーがメンバーの一段上にいるのは間違いないこと。マネジャーは、一段高い場所から全体を見渡すチームの司令塔なのです。

もちろんこれはマネジャーという役割りでやっているだけなので、人間としての部分ではできるだけ対等を心がけています。

メンバーからの厳しい言葉にも素直に耳を傾ける。約束を忘れるなどうっかりルールを破ったら素直に謝る。この「素直」というのは案外難しいもので、プライドが邪魔をしているとなかなか素直になれません。タテの関係とヨコの関係。ふたつの違いを理解しつつ、常に意識することを心がけてください。

信頼関係を築くコミュニケーション術

信頼関係を築くコミュニケーション術1

相手を知るための最初の「傾聴」

マネジャーになったら真っ先にしなくてはいけないのが、「メンバー1人ひとりの話をじっくり聴く」ことです。それも必ず1対1で、1時間といわず2〜3時間たっぷり時間をかけてください。よく「コミュニケーションとは話すことだ」と思っている人がいますが、本当のコミュニケーションとは「相手の話を聴く」こと。**いわゆる傾聴です。**

最近、営業マンの研修メニューで人気の傾聴ですが、それだけ人の話を〝聴ききる〟ことは難しいということです。

傾聴とは文字通り、じっくり耳を「傾けて聴く」こと。うなずいたり相槌を打つことはあっても、途中で口を挟まない。また、本人が口外しないでほしいということは、外に洩らさないのがルールです。

最初にじっくり話を聴くことで相手への理解が深まります。同時に相手には「この人は話をちゃんと聴いてくれる」「口外しない約束を守ってくれる人だ」という信頼感が生まれます。

私がある企業で関わった20代後半の営業マンの例を紹介しましょう。

彼は入社して3～4年目。能力がないわけではないのですが、誰に対しても辛辣《しんらつ》なところがあり、上司からも同僚からも煙たがられていました。そこで「何を考えているか、さぐってほしい」というのが会社の要望でした。

そこで2時間以上かけてヒアリングしたところ、意外なことがわかりました。

彼は高校時代、やんちゃが過ぎてドロップアウト。しかし、このままではいけないと一念発起して大検を取り、大学に進学して卒業後、20代半ばで入社したという経歴でした。

確かに人づきあいが得意なタイプではなさそうですが、「こんな自分を拾ってくれた会社に恩返ししたい」と、実は熱い思いを胸に秘めていたのです。

そのことを社長や営業本部長に報告すると、「えっ、そんな過去があったのか⁉」「この会社が嫌いじゃなかったんだ！」と驚いているではありませんか。

私からすると、そんな重要なことを何年も知らなかったことのほうが驚きですが、いずれにしろもっと早い段階でそれを知っていたら、彼に対する接し方や処遇はまったく違っていたでしょう。最初にじっくり聴くことの大切さがわかる一例です。

ところで、最初に全員の話を聴けと言うと、「チームは10人もいるのに、そんな時間はありません」と言う人がいます。必要性は理解しているけれど、すぐに仕事がスタートしてしまい、忙しさを口実に後回しにしている人もいます。

いずれにしろメンバーの人となりをよく知らないまま時間が過ぎ、いきなり辞表を出され、焦って相談に来るマネジャーは少なくありません。

そんなとき私は必ず「今からでもいいから、全員の話を聴いてください」と勧めるようにしています。

じっくり話を聴いてもらったら、それだけで気持ちが変わるもの。「やっぱりもうちょっとがんばりますと言ってくれました」と、ほっとした表情で報告してくれたマネジャーもいました。

郵便はがき

162-0816

恐れ入ります
切手を
お貼りください

東京都新宿区白銀町1番13号

きずな出版 編集部 行

フリガナ

お名前　　男性／女性
未婚／既婚

(〒　　-　　)
ご住所

ご職業

年齢　10代　20代　30代　40代　50代　60代　70代〜

E-mail

※きずな出版からのお知らせをご希望の方は是非ご記入ください。

愛読者カード

ご購読ありがとうございます。今後の出版企画の参考とさせていただきますので、アンケートにご協力をお願いいたします（きずな出版サイトでも受付中です）。

[1] ご購入いただいた本のタイトル

[2] この本をどこでお知りになりましたか？
1. 書店の店頭　2. 紹介記事（媒体名：　）
3. 広告（新聞／雑誌／インターネット：媒体名　）
4. 友人・知人からの勧め　5.その他（　）

[3] どちらの書店でお買い求めいただきましたか？

[4] ご購入いただいた動機をお聞かせください。
1. 著者が好きだから　2. タイトルに惹かれたから
3. 装丁がよかったから　4. 興味のある内容だから
5. 友人・知人に勧められたから
6. 広告を見て気になったから
（新聞／雑誌／インターネット：媒体名　）

[5] 最近、読んでおもしろかった本をお聞かせください。

[6] 今後、読んでみたい本の著者やテーマがあればお聞かせください。

[7] 本書をお読みになったご意見、ご感想をお聞かせください。
（お寄せいただいたご感想は、新聞広告や紹介記事等で使わせていただく場合がございます）

ご協力ありがとうございました。

最初に時間をかけるか、何か起こってから苦労するか。マネジャーとして成果をあげたいと思ったら、迷わず最初の苦労を選ぶべきでしょう。

信頼関係を築くコミュニケーション術2

週1回の1時間より、毎日朝晩の10分

コミュニケーションの量と離職率は反比例するといいます。

「だから週に1回1時間、個別面談をしています」というマネジャーがいますが、本当にそれで十分でしょうか。

家族と毎週1時間ミーティングをしているという人はいません（家族会議は別です）。もう相手のことはわかっているし、お互い信頼関係もある。だから5分の会話でも十分なのです。

これと同じで、私がよく言うのは「**最初にじっくり聴いて相手のことがわかったら、あとはコンタクト数を増やしなさい**」ということ。

週に1回の1時間より、朝晩10分のコンタクトで1週間計50分。そのほうがコミュニケーションの質は高まります。

もちろん朝礼や終礼などのチームミーティングとは別に、ここでも1対1が基本です。チームが大きいとそれなりに時間はかかりますが、慣れればそれほど難しいことではありません。たとえば朝は「今日はどんなアポが入っている？」と声をかけ、夕方に「昼間の件、どうなった？」と確認する。それだけでコミュニケーションをとりつつ、しかもメンバーの動きを把握できます。直接会うのが難しければメールや電話でもかまいません。

仕事の話題が特になければ、「土曜日のサッカーの試合どうだった？」でもいいでしょう。これはふだんその人がどんな生活をしているか、知らなければ出てこない話題です。メンバーからすれば、「日ごろの会話をちゃんと聴いてくれている」という驚きや感謝につながります。

このような軽い会話が苦手という人もいますが、それは日常生活でいくらでもトレーニングできます。コーヒーを買いに立ち寄ったコンビニで、店員に「ありがとう」と声に出してみる。ランチで入った定食屋で「この店は何がおすすめ？」と訊ねてみるだけでいいのです。

私の場合、初めて入ったお店でも「笑顔が素敵だね」「元気が出る挨拶だね」などと言うのでギョッとされるのですが……。でもそうやって声をかけ続けるうちに、誰もが笑顔で応えてくれるようになります。

人心掌握のためのトレーニングと思って心がけてみるのをお勧めします。

このような朝晩10分のコンタクト習慣は、ホウレンソウの強化にもつながります。

週に1回しか顔を合わせる機会がないと、どうしても大きな報告に重点を置くようになります。でも毎日ちょっとした会話の機会があれば、「実は今ちょっと」などと、小さな相談を切り出しやすくなります。これによって「3日前に聞いていたら……」と頭を抱えるような事態もかなり防げるのではないでしょうか。

信頼関係を築くコミュニケーション術3

相手の関心事に関心を持て

新人の営業マンを指導するときは、「まず相手と仲良くなりなさい」と言います。プライベートまで含めて、相手の情報を得ることから始めろという意味です。

極端なときは、「**3カ月間仕事の話はしなくていい**」と言うことさえあります。とにかくプライベートも含め、相手と距離を縮めることに徹しろと。

するると必ず「仕事にプライベートを持ち込むのは失礼じゃないですか？」という質問があり

ます。そこで、そう言ってきた営業マンの担当者に「どんな営業マンが一番つまらないですか？」と訊ねさせたら、「仕事の話しか、しない人」という答えが返ってきて、その営業マンも納得してくれました。

そう、仕事以外の話題でも盛り上がれる関係をつくるには、やはり仲良くなるしかありません。仲良くなるといっても、友達になれという意味ではありません。

相手がどんなことに興味を持っていて、どんな話題を提供すれば喜んでくれるかを知るということ。いわば「顧客主語」を実行するための情報収集です。

マネジメントでも同じです。

チームの関係が良ければ、仕事以外のことでも盛り上がれるでしょう。逆に、仕事以外のことでも盛り上がれないようなチームが、仕事で一丸となって盛り上がれるでしょうか。

それではマネジャーがメンバーと仲良くなるにはどうすればいいでしょう。

答えは簡単、相手に興味を持てばいいのです。好きな異性が現れたら、少しでも相手のことを知りたいし、関心を惹くために共通の話題を見つける努力をするでしょう。

同じように、メンバーに対しても相手のことを知ろうと努力してください。この人は何に関心を持っていて、どんな価値観やライフスタイルの持ち主なのか、情報を集めるのです。

これはミーティングやふだんの会話から知ることもできます。なかにはプライベートのことを話したがらない人もいるでしょうが、日ごろから相手のことを注意深く観察していれば、ヒントはいくらでも見つかります。

たとえば月曜の朝、日焼けしている人に「ゴルフでも行った？」と声をかければ、その人がゴルフ好きかどうかわかります。地方のお菓子をお土産に持ってきた人に「旅行したの？」と訊ね、旅行ではなく帰省だったとわかったら、そこから生まれ故郷の話題で盛り上がるかもしれません。

このように相手のことに関心を寄せる姿勢は、「私はあなたに興味を持っています」というサインになります。上司からこんなサインを示されて、うれしくない部下はいません。

人づきあいが苦手な人には、こういう観察眼（感性といってもいいでしょう）がない人もいるものです。しかし、もしあなたがそういうタイプだとしても、訓練である程度修正できるので安心してください。

今指導しているなかにも、本人自ら「人に興味がない」と言うマネジャーがいます。

彼に対しては、「とにかくメンバーのことを聞き出してきてください」というトレーニングをすることにしました。出身はどこで、どこの大学を出ていて、今どこに住んでいて、家族構成は……など。いろいろな要素をリストにし、「全員から最低限これとこれは聞いてきて」と強制的に聞き取らせたのです。

最初は戸惑っていましたが、何回か繰り返してメンバーのデータが集まってくると、不思議なもので相手に対する興味が少しは出てくるようです。少なくとも「メンバーと話すのが以前ほど苦痛ではなくなった」と話すようになりました。

ある心理学の実験によると、「見知らぬ人を4分間見つめるだけで恋に落ちる」そうです。見つめるうちに相手に対する好奇心やイメージが湧いてきて、「こんなに気になるのは、この人を好きだからではないか」と思うようになるのでしょう。

それと同じで、些細な情報の断片でも、いくつか集まって相手の輪郭が見えるようになると、自然と好奇心が湧いてくるということです。

仕事でいちいち恋に落ちるわけにはいきませんが、これもマネジャーの仕事と割り切って、相手に興味を持つ訓練をしてください。

信頼関係を築くコミュニケーション術4

困ったら「最近、どう?」でいい

ヒアリングするにしても、メンバーのことをまったく知らない段階では、どこから会話の糸口を見つければいいかは大いに悩むところ。よほど話したがりの人ならともかく、ふつうはメンバーから口を開こうとはしません。やはりきっかけはマネジャーがつくるしかありません。

営業の仕事でさんざん人との会話に慣れている私でも、初めての相手に対しては、いまだにどう切り出せばいいか迷うことがあります。

そんなとき便利なのが「最近、どう?」というひと言です。

これを言われると、たいていの人が「どうって、どうなの?」と吹き出します。「どうって何がですか?」と言われたら、「いや、仕事でも家のことでもさ」と気楽に返せばいいのです。

また「いや特に……」と返されたら、「ふーん、特にって、何が?」と重ねてもいいし、「いや、なんだか楽しそうだから、最近何か面白いことあったのかなと思って」などと返してもいいでしょう。

そこから会話が始まればいいだけなので、「仕事、どう?」「最近調子どう?」でもかまいません。最初は相手も困るだけで会話にならないかもしれません。けれど繰り返すうちに、どんなに口下手な人もボソボソと話してくれるようになるものです。

ところで、相手が話しやすいようにするために「場所を変える」のも有効です。「続きは酒でも飲みながら聴こうか」というのも、このバージョンです。

相手をよく知りもしないうちからお酒に誘うわけにはいきませんが、たまにはいつもの会議室をやめ、外の喫茶店に行ったり、社内の別の場所に移ってみてはどうでしょう。

いつもと違う環境になるだけで気分が変わるもの。窓の外の景色を眺めて「今日はいい天気だね」から話が始まるかもしれません。緊張しがちなマネジャー自身もリラックスできるのではないでしょうか。

信頼関係を築くコミュニケーション術5

笑い・拍手・握手を取り入れる

「ミーティングに活気がない」「マンネリ化してつまらない」という相談がよくあります。

意見を聞いても誰も発言しない。しかたないからマネジャーが一方的に喋るしかない。よけいに内容がつまらなくなり、最近は仕事を口実にサボるメンバーもいるようだ……。

そんなときは、ミーティングに遊びを取り入れてはどうかという提案をします。

よくやるのが「あなたが一番輝いていたときの写真を持って来てください」と指名する、一種のイベント企画です。過去の自分をネタにするのは勇気がいるので、一番手はマネジャー自身がやることというアドバイスも添えます。

ロックバンドをやっていた高校時代や、バイクでツーリングしている写真など、みんな意外な過去を持っているもの。写真に限らず、成績が最低だった新人時代の記録や、初めて書いた始末書のコピーなどでもいいでしょう。「マネジャーもそんな時期があったんですね！」「こんな失敗してたんですね」と大笑いになって、その場が盛り上がるのは確実です。

毎回とは言いませんが、月に1回程度取り入れると、ふだんのミーティングにも変化が現れます。「最近ミーティングが楽しいから会社に行こうかな」「あのミーティングに出ないと乗り遅れる気がして」というのも、やる気につながる立派な理由です。

ちなみに、ある研究によると、職場にハイタッチの習慣を取り入れると、社員の幸福度が上がるそうです。さらに「幸せな社員は不幸せな社員よりも創造性が3倍、労働生産性が1・3倍高くなる」という報告もあります。

私自身、常々言っているのが**「笑いと拍手と握手（スキンシップ）のない会社は成績が伸びない」**ということ。だから私の職場には必ずハイタッチや、握手と拍手の習慣を取り入れていますし、クライアント企業にもしばしば提案しています。

いきなりハイタッチといわれても「うちの職場では難しい」「みんな恥ずかしがるに決まってる」と思われるかもしれません。

でも、「ｔｏｕｃｈ」という英語には、「触る」のほかに「感動させる」という意味もあるのをご存じでしょうか。たとえば草野球でホームランを打ったり、サッカーでシュートを決めたとき、みんながハイタッチや肩を抱き合って喜ぶのは当たり前の光景。つまりみんなで触れ合うことで感動を分かち合っているのです。

そう考えると、職場で誰かが目標を達成したらみんなで「おめでとう！」と喜び、肩を叩いたり拍手が沸き起こるほうが、むしろ自然なことだと思うのです。

人を育てるマネジメント術

人を育てるマネジメント術1

目標設定はOne to One

メンバー主語で考えると、目標設定もその人に合わせなくてはいけない、ということになります。「これはこの人のためになるか。成長につながるか?」。そのためには本人の実績や能力はもちろん、今の気分やモチベーションまで見極めなくてはなりません。日ごろの面談やコミュニケーションを通じて、状況を把握できていれば難しいことではないでしょう。

できもしないのに高い目標を掲げていたら、ちょっと下げさせる。逆に、この人にこの目標は低過ぎると思ったら少し上げさせるなど、その人に合った細やかな指導ができるようになります。

目標が決まったところで、あとはメンバーに寄り添って、達成までサポートするのがマネジャーの役目。昔は結果だけにフォーカスして、「なんだ、目標に届いてないじゃないか！」と叱れば済みましたが、今はもっと前の段階から関わらないと、誰もついてきてくれないということです。

数字と無関係な部署でもそれぞれの目標設定は必要です。「今週はこの書類作成を完璧に終わらせよう」「先週より数字入力のミスを減らそう」という具合に、少しずつ高い目標に取り組むよう導きます。

そのときの注意点としては、「きちんと言葉で指示をする」があります。

現場で優秀だった人がそのままマネジャーになったような場合、自分ができたことはみんなも理解できて当然という気持ちから、つい言葉を省略してしまう傾向があります。

しかしメンバーにはまだ知識がない新人もいれば、言葉で理解し納得してからでないと動けない人もいます。今のあなたにとってなぜこの目標が必要で、そのためにどのような行動をすればいいか。相手の理解力やレベルに合ったわかりやすい言葉で伝えなくてはなりません。

「なんでこんなこともわからない？」とイライラするのは、あなたの言葉が不足しているからかもしれません。

人を育てるマネジメント術2

成長と達成の機会を与え続ける

今の若者にとって重要なキーワードに「スペックを上げる」があります。

仕事を通じて自分がどれだけ成長したかが重要で、逆に成長が感じられないと思ったら簡単にやる気をなくしてしまいます。

しかも若い人ほど成長を焦る傾向が強い。まだ自分のスタンスが固まっていないから当然といえば当然ですが、だからこそ常に、先週より今週、昨日より今日、もっといえば朝より夕方のほうが「おまえは成長しているよ」と認識させてあげることが大切です。

その日の行動を一緒に振り返りながら、「先週できなかったことができるようになったじゃん！」と褒める。つまずきを発見したら「じゃ、明日はこうしてみたら？」とアドバイスする。

アドバイスといっても、実際は指示であり命令なのですが、その人に寄り添う姿勢があれば一方的な命令とは受け取られません。

大切なのは必ず「褒める」と「アドバイス」をセットにすることです。

最初にその人の成長を予告するやり方もあります。「毎日これをやっていれば、1年後には必ずできるようになっているよ」と宣言するのです。

これは新規営業のように、なかなか結果が出ない目標に取り組むときは特に有効です。マネジャーが「大丈夫、一歩ずつ進んでいるから」と声をかけ、常に寄り添いながら取り組みを続け、1年後に本当にそれだけの成長を実感できるようになったら、喜びと同時にマネジャーに対する信頼はいっそう強まるでしょう。

もちろんチームのなかには、売上げはイマイチだけど企画書作成が抜群にうまいとか、外回りよりオフィスでの後方支援が向いているメンバーもいます。そんな人にもチーム内での居場所を用意し、何かのタイミングできちんと成長を実感させてください。

チームミーティングのときにみんなの前で、その人が貢献してくれたことを報告してもいいし、個別に感謝を伝えてもいいでしょう。数字や目標に関係ない部分でも「昨日より良くなった」「先週できなかったことができるようになった」ことに気づき、言葉にして褒めてあげることが大切です。

会社のなかにはいろんな部署がありますが、会社にとって不要な人なんて誰ひとりいません。自分がちゃんと評価されているという体験は、そのまま達成と成長の実感につながります。

人を育てるマネジメント術3

ツールの活用で行動管理とプロセスを可視化する

メンバーに寄り添った指導をするためには、その人が今どんな動きをしているかをきちんと把握する必要があります。目標達成はあくまでも結果に過ぎません。褒めるにしろアドバイスするにしろ、途中経過を知らなければきめ細かな指導はできません。

そこで必要になるのが「各人の動きの見える化」であり、そのためのツールの導入です。

一例として、私が経営するリクルーティングの会社のシステムを紹介しましょう。

メンバーが提出する報告書は、日報のほかに2種類あります。

ひとつはその人の「行動管理」です。今週はどんな内容で誰と会うとか、このイベントに向けてこんな動きをしているといった細かな行動予定がひと目でわかるようになっています。

もうひとつが「顧客のデータ」です。今、どんな人とどれくらいの頻度でコンタクトをとっているかというリストです。

両方を突き合わせながら日報を見ると、「この動きはロスが多いから担当を替えたほうがいい」「この段階でこの準備がなくて、イベントに間に合うのか」など、さまざまな問題点が見えてきます。マネジャーにとっては全体の動きを把握できるというだけでなく、アドバイスの説得力が増すというメリットがあります。報告書という確固たる証拠に基づいているので、メンバーが納得して受け入れやすくなるからです。

一方、メンバーにとっては、自分の行動のプロセスをまとめて振り返ることができるので、これまでやってきたことの意味を理解し、次の取り組み方を考える助けになります。

これらの行動予定や経過はパソコンに取り込んで、メンバー全員で共有しています。

誰がどんな動きをしているか全員がわかるので、メンバー同士で「ここは連携しよう」「これはあいつに任せたほうがいいかも」などと自主的に考える足掛かりになります。

必要なツールの形式は業務内容やチーム形態によって異なるので、そこは独自に考えてください。そういう作業が苦手な人は、自分が考えた内容で誰かにつくってもらえばいいのです。

チームには1人くらいそういうことが得意な人がいるものですから。

まずはマネジャー権限で取り入れてみて、使いながら「この要素がないとわかりにくい」とか「こうしたほうが見やすい」と思ったら、その都度どんどんブラッシュアップしていけばいいのです。

毎日あるいは週1回、全員の報告に目を通すのは大変ですが、慣れてきたらベテランの分はポイントだけ、新人を重点的に見ることにしてもいいでしょう。これはマネジメントの基本中の基本ともいえる作業ですから、決して手を抜いたり、まして途中で止めてはいけません。

人を育てるマネジメント術4
一光流PDCAの回し方

なぜ行動管理とプロセスの可視化が必要なのでしょう。

それはメンバーと一緒に毎日の行動を振り返る、つまりPDCAサイクルを回すために、こうした客観的なツールが欠かせないからです。

ツールがあるから、それをもとに「次はこれをやってみよう」「明日はこうしてみたら」と具体的にアドバイスできます。なければ「今日はどうだった?」「いや、まだちょっと手ごたえがなくて」「そうか。じゃあ明日またがんばれ」で終わってしまうでしょう。

ところで生産管理や品質管理の考え方として一般的なPDCAですが、私はもう少し細かなサイクルを描くことにしています。それはこんな図式です。

(1)目標を立てる
(2)戦略Aを練る
(3)計画を立てる
(4)行動
(5)結果Aが出る
(6)結果Aの検証
(7)改善を探る
(8)次の戦略Bを練る→(3)に続く

最初からこのようなスパイラルを想定するほうが、段階を踏んで取り組みやすく、アドバイスや指示もより具体的にできるメリットがあります。

正解のないことにチャレンジさせるわけですから、それくらい細かく行動を管理してあげないと何ごともうまくいかないと思うのです。

同時にマネジャー自身もＰＤＣＡを回してください。今月はチームの目標をこのように立て、こういう戦略で取り組んできた。１カ月やってみてどうだったかを振り返り、検証し、また次の作戦を考える。個人とチーム両方のＰＤＣＡを回し続けるのです。

ところで、もっとも簡単なＰＤＣＡの回し方を紹介します。

それは「自分自身に点数をつけさせる」というやり方です。

１００点満点でも10点満点でもいい。「今週を振り返って、何点だった？」「80点くらいですかね」「何で80点？」「ここがダメだったので」「じゃあ、１点でも上げるために、来週は何をする？」という具合です。

そもそも目標がなければ点数をつけることができません。点数をつけるということは、すでに行動を振り返っていることになります。点数を上げるためにどうするか、これが改善です。

新人の場合は特に、これを毎週、毎日繰り返していくだけで、ＰＤＣＡを回す習慣が身につきます。また、マネジャーは必ずしも今まで自分がいた部署に入るとは限りません。経験値がない場所で、どんなアドバイスをすればいいかわからず困っている人もいるでしょう。

それでも毎日必ず一緒に振り返りをし、ＰＤＣＡを回してください。

最初はよくわからず報告を聞いているだけかもしれませんが、チームに5人のメンバーがいたら、全員の振り返りをするだけで5人分の経験値を身につけることになります。つまり、マネジャー自身の経験値を高めることにもなるのです。

人を育てるマネジメント術5

「分ける」ことを徹底する

マネジメントにおいては「分ける」ことも重要です。

分けるべきことはたくさんあります。

まずは**「聴く」と「喋る」**。ヒアリングでは「聴く」ことに徹することが重要だと前述しましたが、毎日あるいは毎週のチームミーティングでも「喋る」と「聴く」を分けてください。

たとえば「自分が喋るのは最初の○分だけ」と決め、あとの時間をどうすればメンバーが喋るようになるか（喋らざるをえなくなるか）考えます。メンバーの報告を聞いてから、最後に自分の指示を喋ることにしてもいいでしょう。それだけで、マネジャーが一方的に喋るだけのミーティングではなくなります。

「コーチング」と「ティーチング」という考え方もあります。「聞く」はコーチング的関わり、「話す」はティーチング的関わりです。

「仕事」と「プライベート」もあります。仕事にプライベートを持ち込むなということではありません。今は仕事の話題を持ち込んでいい場面かどうか、きちんと区別するということです。相手に対する理解を深めたい傾聴の場や、信頼関係を深めたいコミュニケーションの場面に仕事の話を持ち込んで、ややこしくなることがよくあるからです。

「叱るべき場面」と「叱ってはいけない場面」という分け方もあります。これはわかりやすくいえば「しつけ」と「教育」です。

たとえば企画会議でプレゼンに失敗したメンバーがいます。彼はとてもしょげていますが、新しいことにチャレンジしての失敗ですから、感情的に叱ってはいけません。失敗は失敗なので褒めはしませんが、一緒になって失敗した理由を見つけ、次はこうしようと改善と再チャレンジにつなげる。これは「教育」です。

しかしその失敗が、単純なミスやうっかりだったら「しつけ」が必要です。遅刻する、約束を守らない、失言や不注意なミスが多い……。このようなクセや習慣は、仕事だけでなく人生の大事な場面での大失敗につながるかもしれません。だからこそ、ときには強く叱ってでも直すよう指導します。メンバーには人間としても成長してほしいと願うからこそ、とても大事なことだと思うからです。

「ルール」と「モラル」もあります。マネジャーとしては、ルールやシステムで縛るのはある意味簡単です。しかしそれがあまりに窮屈だと苦しくなり、チームの雰囲気もギスギスしてきます。だから私は、チーム全体の動きに関わることは最低限のルールとし、それ以外はモラルに任せることにしています。

モラルというと堅苦しく聞こえますが、要はメンバーの自主的な判断に任せるということ。そのほうがメンバー同士、互いに思いやりあったり、自ら考えて動けるチームになると思うからです。

最後にひとつ、ぜひ分けてほしい大切なことが「マネジャー自身の時間」です。

忙し過ぎて自分の時間がないと嘆くプレイングマネジャーの行動を見ると、いつ誰が、どんな相談に来ても対応してしまう傾向があるようです。

マネジャーの姿勢としては必ずしも間違いではありませんが、それでは自分の時間がなくなるのは当然です。そこで大切になるのが「マネジャーの時間」と「プレイヤーの時間」を明確に分けること。つまり自分自身のタイムマネジメントです。

一番簡単なのは、自分の時間を見える化し、オープンにしてしまうやり方です。

たとえば私は自分のスケジュールはすべてオープンにし、「ここは電話しても出られない」「ここはどんな相談でも受けられる時間」と、メンバーに宣言しています。

もちろん緊急事態は別ですし、「今週はヤマ場になりそうだ」と予測できるときは、マネジャーの時間を優先すればいいのです。

よくプレイングマネジャーの時間の振り分けは「自分3：チーム7」と言われますが、このようにきっちり分けることがチームに浸透すれば、日常的には「5：5」でも十分機能するのではないでしょうか。

しかし面白いもので、いつでも何でも相談できるわけではないとなると、メンバー自身も相談内容を取捨選択するようになり、どうでもいい相談事が減るようです。少なくとも「話しかけるなオーラが出ていて相談できない」と非難されることはなくなります。

人を育てるマネジメント術6

メンバーのモチベーションを上げる「自信」のつけ方

営業マネジャーの育成では、**「チームの売上げ＝お客様の感謝×メンバーのモチベーション」**という話をしますが、チーム力もまたメンバー全員のモチベーションの掛け算です。

では、モチベーションはどこから湧いてくるのでしょう？

それは「自信」です。

自分の会社に対する自信、扱っている商品やサービスについての自信、それを世の中に広める仕事に対する使命感……。それらが揃って初めて「自分がやっていること（仕事）には意義がある」と思えるようになり、やる気が湧いてきます。

ある英会話スクールの先生たちに、こんな話をしたことがあります。

「英会話できる人が1人でも増えるのはいいことだよね？　自分たちのスクールのプログラムにも自信があるでしょ？　多くの人が英語を喋れるようになるという社会貢献ができて、しかもそこから国際的に活躍するような人が出てきたら、すごいことだよね。だから1人でも多くの人に勧める意味がある。それで売上げアップになるなら、数字を求めてもいいと思わない？」

講演後、多くの先生たちが「お客様に会いたくなりました」「早く営業に行きたいです」と目を輝かせてくれました。

お客様が喜んでくれて、感謝してくれたことが売上げにつながるという方程式がわかると、それだけで仕事が楽しくなる。モチベーションがアップするのです。

自信の源は、売上げだけではありません。

自分たちの取り組みで現場の社員が働きやすくなる総務の仕事。こんなすごい商品があることを世の中に知らせる宣伝部。何より、そのすばらしい商品をつくっている工場の現場……。

どんな職場にも「自信」はあるのです。

ミーティングにイベントを取り込むことは前述しましたが、実はそれが「自信」につながることがあります。仕事では目立たないけれど、「おまえ、そんな特技があったんだ！」と認められたのがきっかけで業績が上がった人がいます。チームのなかで存在を認められたことが自信となって、仕事にも前向きになれたのです。

メンバー全員が自信を持って、高いモチベーションで仕事に取り掛かれるようマインドセットするのも、マネジャーの大切な役目です。

人を育てるマネジメント術7

弱点を直すより強みを伸ばせ

欠点ばかり指摘されてピッチングができなくなってしまった元プロ野球選手の例は紹介しましたが、現場で優秀だったマネジャーほどメンバーの欠点が気になり、自分のやり方を押し付けてしまう傾向があります。

しかし考えてみてください。大リーグで活躍した野茂投手やイチロー選手のように、ふつうだったらありえないフォームでも成績を残している選手がいるということを。

彼らもかつては、フォームを直せとさんざん指導されたことでしょう。それでも頑として自分を貫いた彼らの強さには驚きますが、**「あれがあいつのやり方だから」**と理解したコーチや監督がいたから貫けた、という見方もできるのではないでしょうか。

そのクセや欠点が仕事をするうえで致命的なこと、相手に不快感を与えるとか、言葉遣いで誤解を生みやすいとかであれば、しつけとして強制的にでも直す必要はあります。しかし、それ以外のことはどうでしょう。むしろ積極的に長所を見つけ、それを伸ばすほうが手っ取り早いのではないでしょうか。

ふつうの人は、欠点を指摘されてばかりだと萎縮してしまいます。

野茂投手やイチロー選手ほどの強い気持ちがある人ならともかく、素直に外部の指摘に反応してしまった結果、自分はダメだと落ち込んでしまう。それでは伸びるものも伸びません。

それを避けるには、長所を伸ばすしかありません。マネジャーは多少の欠点には目をつぶり、長所を褒めて伸ばすことを心がけてください。

その結果、部長から「なんだあいつは」「マネジャーなんだからしっかりやれ」と言われても、

「いや、これがあいつのやり方ですから」と守ってあげる。

あるいはその場はハイハイと言っても、メンバーには「ここはおまえのいいところだから、おまえのやり方でやってみろ」と肩を叩けるかどうか。これはマネジメントであると同時に、コミュニケーションの一環とも言えるかもしれません。

ちなみに、ときどき「褒め方がわからない」という人もいますが、それはふだんの生活のなかでトレーニングしてください。

たとえば、家に帰ったら奥さんや子どものことを1日1回褒めるのを課題にしてみてはどうでしょう。最初は驚かれるでしょうが、繰り返すうちに喜んでくれたり、「このときはこう褒めないと逆効果よ」と教えてくれるようになるかもしれません。

人を育てるマネジメント術8

力を注ぐのは「6割の中間層」

欠点より長所というのは、チームにも言えることです。

チーム力はモチベーションの掛け算だと書きました。全員が高いモチベーションを持ち、同じ方向を向いて走ることができれば一番いいのは当たり前です。

しかしはっきり言って、そんなことはほとんど不可能です。

有名な「働きアリの法則」をご存じでしょうか。

働きアリの集団を観察すると、よく働くアリと、ふつうに働くアリ、サボっているアリの比率は必ず2：6：2だそうです。そこからよく働くアリを取り除くと、ふつうのアリの一部がよく働くようになり、最終的にまた2：6：2の比率に戻ってしまうのです。

アリと同様というのは語弊があるかもしれませんが、人間の集団でも落ちこぼれ的な存在が常に2割はいるものと割り切ってください。その2割を何とかしようとがんばってしまう真面目なマネジャーもいますが、そこに時間をかけるのはどうかと思います。

モチベーションや時間というリソースが限られているなかで、できるだけ早く効果を出したいと思ったら、簡単なのはトップの2割を伸ばすこと。しかしチームとしての成長を考えたら、私はボリュームゾーンである中間の6割に力を注ぐべきだと思っています。

これは中間層だけ見ていればいいということではありません。トップの2割を放っておいたらチーム全体の成績がダウンしたとか、ある日突然辞表を突き付けられて慌てたというケースもあるので注意は必要ですが、少なくとも下の2割を引き上げるより、よほど楽に成績を上げられるでしょう。

もちろん、下の2割を見放せという意味でもありません。

中間層がアップしていく姿を見て、下の2割も「このままでいいのかな」と思うようになればしめたもの。そこできちんとフォローすればチーム全体の底上げになります。

日ごろから上は上、下は下なりに目配りし、その人に寄り添った目標設定ができていれば、さほど難しいことではないはずです。

人を育てるマネジメント術9

キーワードとマジックワードを使いこなせ

ここではマネジメントにおいて重要な「キーワード」と「マジックワード」を紹介します。

「キーワード」とは、特に20代の若手社員に対して意識して使いたい言葉。

「マジックワード」はメンバー全員に対して使える、やる気を高める言葉です。

キーワードには3つあります。

「成長」「挑戦」「貢献」。 これは今の若手が仕事に求める3つの価値観です。

彼らにありがちなのが、「この会社にいても自分のスペックが上がる気がしません」「ここにはチャレンジする環境がありません」「もっと社会に貢献できる仕事に就きたいです」……だから辞めますという流れ。ですからこの3つを常に満たしてあげることが、モチベーションのキープになり、離職防止につながるということです。

具体的には、「ちゃんと成長しているよ」と声をかけ、「おれが責任持つからもっとチャレンジしろ」と背中を押し、「お客様が喜んでくれることが貢献につながるんだから、自信を持っていいんだよ」と励ますということ。特に「成長している」は、事あるごとにかけたほうがいい言葉です。

マジックワードとは、「信じてる」「期待してる」の2つです。

何かできつく叱っても、最後に「おまえを信じてるから、きつく言うんだよ」「おまえならできるって期待してるから」と、ひと言添えるだけで気持ちが前向きになります。

それがないから「叱られるばかりで、自分なんかいないほうがいいんだ」となってしまう。思春期の子どもじゃあるまいし、と思うかもしれませんが、実際人間はそうやって常に存在価値を認めてもらわないと、自分がいる意味を見失ってしまうのです。

ただしこれはきちんとプロセスを確認したうえで、最後の最後で使うべき言葉。日常的に使っていたら効果は薄れてしまいます。

そして、どちらの場合でも忘れてはいけないのは、「マネジャーとメンバーに信頼関係が成立している」のが大前提ということ。どんなに期待され、信じてもらっても、できないこともあるでしょう。それでもマネジャーがちゃんと責任を取って、自分をかばってくれるかどうか。「このマネジャーのためにも、がんばらなくては」という気持ちがなければ、どんな言葉もむなしく響くだけです。

人を育てるマネジメント術10

マネジャーは常にポジティブであれ

チームの士気は、マネジャーの士気以上には上がらない。これは私の持論です。

そして〝気〟とは、水と同じで上から下に流れるもの。マネジャーがネガティブに落ち込んでいたら、暗くよどんだ空気がチームに流れ込み、マネジャーが明るく前向きだったらチームも明るい〝気〟で包まれます。

できなかったことを一緒に振り返りながら、マネジャーに「やっぱりダメだったか」と溜息を吐かれるのと、「ここを直して、来月はがんばろうぜ！」と肩を叩かれるのと、どっちがいいですか？　元気が出るのは後者に決まっています。

そのためにもマネジャーは、常にポジティブな姿勢を心がけましょう……といっても、もともとネガティブ思考になりがちな人が、いきなりポジティブになれと言われても困るでしょう。

そこでぜひ覚えて欲しいのが「明元素《めいげんそ》」と「暗病反《あんびょうたん》」です。

「明元素」とは、「明るく・元気で・素直」な言葉のこと。「ありがとう」「楽しい」「うれしい」「すばらしい」など前向きなパワーに満ちた言葉です。

一方「暗病反」は、「暗く・病的で・反抗的」。「疲れた」「忙しい」「苦しい」「つまらない」「どうしよう」といったマイナスのパワーが溢れている言葉を指します。

私は職場に「明元素」を貼り出し、全員が意識するようにしています。

そして「暗病反」は禁止。特に「無理」は厳禁です。「無理」という言葉は、やりもしないうちから可能性を閉ざす言葉だと思っているからです。

―「明元素《めいげんそ》」「暗病反《あんびょうたん》」―

明元素【現状打破言葉】（明るく元気で素直）	暗病反【現状維持言葉】（悲観的、病的で反抗的）
充実している／がんばる	忙しい／疲れた
簡単だ／面白い	難しい／つまらない
できる／すてきだ／楽だ	いやだ／困難だ
やれる／大丈夫だ	ダメだ／できない
おいしい／まだ若い	まずい／もう年だ
やってみよう	どうしよう／やりたくない
利口だ／幸せだ	バカだ／不幸だ
面白そうだ／楽しい	面白くない／困った
元気だ／すばらしい	まいった
いける／可能だ	苦しい／つらい
美しい／うれしい	失敗した／わからない
ありがとう	大変だ／無理

もちろん私が今から高校野球で甲子園を目指したいと思っても、高校生ではないからルール上無理です。でも仕事に関して「無理」はありません。

メンバーには日ごろから、どんなに困難な課題でも「せめて『難しい』くらいにしようよ」と言っています。

日常から「暗病反」を排除し、「明元素」を使うよう心がけるだけで、ポジティブな考え方が身につきます。

それどころか、私は街中で誰かが「そんなのムリムリムリ」と言っているのを聞いただけで、気分が暗くなります。言葉の力は、それくらい強いのです。

究極の目標は「メンバーが活き活き働ける環境」づくり

ここまで、コミュニケーションとマネジメントのノウハウをあれこれ書いてきました。難しそうだと思いましたか？

でも、実はとても単純なことばかり。

なぜなら、すべてが「**メンバーが楽しく、活き活きと働けるためにどうすればいいか**」ということにつながっているからです。

日々のコミュニケーションで信頼関係を築き、メンバーに寄り添った目標設定とＰＤＣＡを回すのは、その人に成長してほしいから。そこから次のリーダー候補が育ち、自分も次のステップに進むことができます。

活気のあるミーティングを工夫したり、元気が出る言葉をかけるのは、それによって職場の雰囲気が明るくなり、みんなが「会社に行くのが楽しい」と思うようになってほしいから。

「会社が楽しい」「仕事が楽しい」は、モチベーションの一番の基本。楽しくない仕事が長続きするはずはありません。

またメンバー主語という考えに立てば、メンバーはお客様と同じ。

メンバー相手に嘘をついたり約束を破ることはありえません。

彼らががんばってくれた結果が目標達成やチームの数字だと思えば、「みんながんばってくれてありがとう」という感謝しかなくなるでしょう。

▼行動を変えるのは難しい。それでも、変えなさい

以前のマネジメントは「会社のためにこれをやれ」という指示だけで事足りました。

しかし今は、メンバーが自ら「楽しいから、やりがいのある仕事だからもっとがんばりたい」と思うように環境を整えるマネジメントが求められています。

それを理解したうえで、今までの自分のやり方を修正したいと思うなら、まずはメンバーの

前で、「これから自分は、こういうマネジャーになりたい。だから、こういうスタイルでやっていく」と宣言してください。

そして「話を聴くこと」「1人ひとりに寄り添うこと」を念頭に、自分の行動を変えてください。

すでにマネジャー歴が長い人には難しいかもしれません。

場合によっては、メンバーに頭を下げることも必要になるでしょう。

しかし今までの意識と行動を変えるのですから、そのくらい強い決意がなければやり遂げることはできません。そしてメンバーに協力を要請すると同時に、自分自身も宣言したことを忠実に守り、続けてください。

マネジャー教育のひとつとして、ロールプレイングを取り入れることがあります。でも1回や2回のロープレでうまくできるようになる人なんてまずいません。

結局は時間をかけてトレーニングしていくしかないのです。

第5章

「一光先生、教えてください！」

悩めるマネジャーのためのお悩み相談室

この章では日ごろ私のもとに持ち込まれるマネジャーたちの相談事を、Q&Aスタイルで紹介します。

相談者と私の横で聞いている気持ちでお読みください。

Q1

育休明けで仕事復帰した部下が再び妊娠しました。ほかのメンバーの不満も高まってきていて対処に困っています。

A1 一光先生からの答え

私が指導に行っている会社でも、たて続けに3人のお子さんを産んで、産前産後休暇・育児休暇と職場復帰を繰り返している女性社員がいました。

女性が多い職場だと、2～3人同時に産休・育休中といったこともあるようです。

女性がこれだけ社会進出しているので、長期や同時期複数の産休・育休取得はどこの職場でもあることですね。

そして、「産休・育休は社員の正当な権利だし、おめでたいことだとはわかっているけれど、こちらの仕事量が増えて大変！」というメンバーたちの気持ちもよくわかります。

このようなケースでは、マネジャーが対処すべき点は2つあります。

ひとつは実務面、2つめはフォローに回っているメンバーたちの精神面です。

早急に手を打つべきはまず実務面で、とにかく人員を補給するしかないと思います。とはいえ、中小企業だったらそういうわけにもいかないかもしれません。

そのような場合、私はマネジャー自身がプレイングマネジャーになることを提案しています。今まで現場に出ずに、メンバーのマネジメントや育成など、一段高いところで指導していた人に、プレイヤーとして再び現場に戻ってもらうのです。

すでにプレイングマネジャーだった場合は、役割分担を変える。

たとえば、それまではマネジャーが営業先を決めてから新人に担当を振っていたのを、新人に営業先の開拓からやってもらったり、自分の担当をほかのメンバーに振り分けるなどして、余裕が出たぶん自分が休業中のメンバーの担当に回るのです。あとは他部署からの配置転換で応援を頼むという手もあります。

ポイントは、まずは実務面の手当てを早急におこなうことです。メンバーたちの精神的なフォローはそのあと。愚痴や不満を聞いたところで何の解決にもなりません。

実務面の手当てが早急にできれば、精神面の解決にもつながります。繰り返しになりますが、とにかく、まずは実務面の解決です。

Q2

チームのメンバーにメンタル面が不調で休みがちな人がいます。上司としてどこまで関わればいいのか迷っています。

A2 一光先生からの答え

これも昨今増えているケースで、なかなかデリケートな問題です。このケースに関してはマネジャーがケアすべきことは3つあります。

ひとつめはもちろんメンタル不調の当人です。これは本当にケースバイケースで、不調の本当の原因がどこにあるかによって介入のしかたは変わってくると思います。あくまでも専門家や会社の専門部署と連携しながらの話ですが、まずは原因が仕事なのか人間関係なのか、それとも家庭などプライベートなことなのかをさぐる必要があるでしょう。相手が話してくれるようであれば、しっかり聴いて受け止めることも大切です。

ふたつめは、チームの他のメンバーたちです。早いうちに「チームとしてこういう問題を抱えている」ということを共有し、それに対して自分はどう思っているかを伝えてください。そのうえで、メンバー全員にヒアリングしてください。目的は「メンタル不調者の原因を知るため」と「次のメンタル不調者を出さないため」です。メンバーのなかには1人くらい、本人から詳しいことを聴いている人がいるかもしれません。不調の原因が仕事量やチームの人間関係にあるのだったら、第二の不調者を出さないためにも、手を打っておく必要があります。

そして最後にケアしてほしいのは自分自身です。このような問題が起こると「マネジャー失格だ」と自分を責めたり「上にどうやって報告しよう」と抱え込んだりして、自分まで不調になってしまうマネジャーがけっこう多いのです。一番いけないのは「オレが何とかする！」と出しゃばることと、専門家や専門部署に全部まかせてしまうこと。やはり自分の部下ですから、丸投げしてしまうのは無責任です。本人はもちろんチームの他のメンバーに対しても「何かあったら私は全面的にサポートするよ」という姿勢は常に見せておきたいものです。

問題は、原因に自分も関わっているとわかった場合です。マネジャーとしてはつらいことですが、改善して次のマネジメントにつなげていくしかありません。これ以上同じような不調者を出さないためにも、これは目をそむけてはいけない点です。

「メンタル不調者が出てしまった」という状況を、今から変えることはできません。

でも第二のメンタル不調者を出さないように、これから自分にできることにフォーカスをしてゆくことのほうが重要なのではないでしょうか。

Q3

お酒が飲めず酒席も苦手です。メンバーは酒好きが多く、よく飲みに行っているようですが、たまには私も参加したほうがいいですか？

A3 一光先生からの答え

「酒が飲める・飲めない」はそれほど重要なことじゃないと思います。

私が知っているマネジャーには、ウーロン茶や水で、何時間でもつきあっている人はたくさんいます。

あなたが自分のメンバーのことが好きで、お酒によってチームの結束が高まると思うんだったら、「チームのミーティング」くらいの感覚で、たまには参加してみてはどうでしょう。「酒席」ではなく、「チームワークをよくする場」「メンバーの本音が聴ける場」と考えればいいと思います。

とはいえ、お酒が苦手な人がガマンして酒に頼る必要はないと思います。話をしやすい雰囲気をつくりさえすればいいのだから、別にランチでもいいという話です。

たまにはオフィスを離れて、外で話す機会をつくってみてはどうでしょう。

Q4

チーム内で「○○ちゃん」とかニックネームで呼び合ってもいいのでしょうか。馴れ馴れしい感じがしてあまり好きではないのですが……。

A4 一光先生からの答え

社内とはいえ一種の公の場ですから、基本は「さん」付けでしょう。

もちろん、飲み会とかちょっと仕事を離れた場だったら「ちゃん」付けでもニックネームでもかまわないわけですが。

先に「基本は」と言ったのは、例外もあるからです。

私が指導している先に、社員同士はもちろん会長や社長に対しても「ちゃん」付けで呼び合っている会社があります。これは「みんな仲間なんだ」「横の意識を持とう」というポリシーがあってのことだそうです。

このようにしっかりとしたポリシーがある場合は、こういう呼び方も意義があるし、いいのではないかと思います。おじさんに「ちゃん」付けは「ちょっと……」という方もいるとは思いますが（笑）。

この会社のように、マネジャー自身がそういうポリシーを持って「横の意識を持つために、うちのチームではみんなあだ名で呼ぶぞ！」と宣言して実行するのなら「アリ」です。

ただし、その場合はそのポリシーを貫き通すことが大事です。

私はキャラ的に、自分の会社の社員はもちろん、指導に行くクライアントの会社の社員さんでも本人に対しては苗字や名前で呼ぶことにしているんですが、うっかり「さん」付けで呼ぼうものなら大変です。

「よそよそしいからやめてください」と言われるだけならいいんですが、なかには「僕、一光さんに嫌われてるんでしょうか？」なんてよけいな勘繰りをする人も出てくる始末。いつも呼び捨ての私がたまに「さん」付けで呼ぶということは、何かあったのかと思われるようです。

このように混乱を招くケースもあるので、呼び方のルールを決めたら例外なく徹底することですね。

Q5

何度も同じミスを繰り返すメンバーがいます。どう指導したらいいですか？

A5 一光先生からの答え

このようなメンバーに対して、マネジャーがすべきことのひとつは「こういう不注意を繰り返す癖を克服していこう」と本人に話すことです。そのときのポイントはふたつあって、「仕事だけではなくプライベートに近づけて話をする」と、「中学生でもわかりやすいたとえ話を使う」ということ。

たとえば「あなたも何かスポーツやってるでしょ。大事なところで同じようなミスを繰り返す人がいたら、その選手に対してどう思うかな?」とか「あなたがいずれお母さんになってPTAの役員とかになったとき、こういうミスが続くと誰も何も言わずに離れていくんだよ」というふうに。同じミスを繰り返すことが私生活でも困ることになるんだよ、ということです。

一度注意したくらいでは直らないので、何度も言うことになるでしょう。当然嫌がられたり、ウザがられたりします。でもこれはマネジャーの仕事だと割り切って、しつこくても言い続けるしかありません。

あと、何度も注意していると、なかには落ち込むメンバーもいます。

「私は何やってもダメだ」とか「私は今の部署に向いてないんじゃないか」と。そういうときにはこんな感じで話をします。

「ちょっと待て。それは能力の問題じゃないでしょ。たとえば車を運転していてよそ見してバーンとぶつかったら、あなたは自分で車の運転が下手だって思う？」

「……いや、思わないです」

「よそ見しているから〝不注意〟だよね？　今回やっているケースも全部同じだよ。車の運転が上手・下手という以前の問題と同じで、この業務が向いている・向いてないっていう以前の問題。よそ見しないで、前向いて運転していれば、解決できるんじゃないの？」

こんなふうに、これまた中学生でもわかりやすいたとえ話で理解してもらいます。

もうひとつマネジャーが気をつけてほしいのは、ミスを連発する相手には「ミスすること前提」で指示を出すということです。

これにもポイントがあります。それは「余計なことを言わない」ということ。

ミスが多い人は、たとえば「じゃあ3月23日に会議室予約しておいて。間違えるなよ、22日じゃないからな」と言うと、22日を予約してしまうことがあります。

だから、余計なことを言って混乱させないよう、こちらが配慮しなくてはならないのです。

こういうミスがずっと続くようだと何かの障害などの疑いもあるわけですが、それは絶対に言ってはいけません。

そういう人に対しても、言い方を変えたりしながら何度も「不注意を直していこう」「乗り越えていこう」と話をするしかないのです。

こういう悩みを抱えているマネジャーによく言うのは、「見放すのは簡単だけど、根負けは絶対するな。ずーっとつきあえ」ということ。

最後は相手との「がまん比べ」と思ってください。

Q6

遅刻が多く社内ルールを守らないメンバーがいます。成績が悪くないこともあり、注意しても聞き入れません。

A6 一光先生からの答え

これは仕事以前に人としての「しつけ」の部分なので、成績が良い悪いにかかわらず「あなたの人生で困るときが来るから、直したほうがいい」ことを伝えるべきです。

たとえば、独身で遅刻癖が直らないメンバーなら「時間を守らないというのは、あなたの結婚式の日とか、あなたの彼女のものすごく怖いお父さんに『お嬢さんをください』っていう日とか、人生の大事なときに遅刻して大変なことになるんだよ」と話します。

ミスが多いメンバーに話すのと同様、プライベートに近づけて話をするのがポイントです。注意をするというより、「いや、私は別にいいんだけど。あなたが遅刻してもかまわないし。でも、自分のために直したほうがいいんじゃないの？」というスタンスです。

成績の良い人がルールを破るのを黙認してしまえば、「マネジャーの判断基準は成績だ」ということになってしまい、チームはそんな些細なことから崩壊します。みんながルールを守らなくなるので、そこは言わないとダメでしょう。

ただ、こういう人は実際に痛い目を見ないとわからないものです。

以前私の顧問先に、私との面談に必ず2〜3分遅刻してくるメンバーがいました。「時間は守ったほうがいいよ」と言うと、「いや、ボクは大丈夫です。社内のミーティングは遅刻しちゃいますけど、お客様とのミーティングには遅刻したことないですから」と言い張っていました。

ところが、あるとき彼が大トラブルを起こして、その顧問先の社長と本部長と3人でお客様のところに謝りに行くことになりました。

よりによってその日に寝坊して大遅刻。あとで「一光さんの言う通りでした」とシュンとしながら言ってましたが、さすがにそれからは遅刻はしなくなりました。

遅刻だけでなく、社内やチームのルールを守らない、直すように言ってもなかなか変わらないメンバーには、こういう大きなミスをしたときに「ほら、だから言ったでしょ」と、すかさず言うと効き目があるもの。伝えるタイミングも大事ということです。

Q7

飲み会で毎回「課長は1万円カンパしてください」と言われます。やっぱり上司は多く払い続けるしかないですか？

A7 一光先生からの答え

「飲み会で毎回多くお金を出させられるけど、子どもが３人いて、『可処分所得を考えたら独身のほうがよっぽどお金があるんだよ！』と言いたい」ということですね。気持ちは理解できます。

結論から言うと、１万円を出し続ける必要はないと思います。

でも、その前に毎回「１万円、出してくれ」と言われる背景について考えてみましょう。

メンバーたちは、あなたが役職者なのだから多く出して当然と思っているのかもしれないし、自分たちより給料が高いんだから多く出せと思っているのかもしれない。それとも「たいして働いてないんだから、１万円くらい出せよ」という気持ちかもしれません。

いずれにせよ、そう言われるのはふだんからチーム内で築いている関係性がまだ甘いということじゃないでしょうか。

もしかしたら、彼らはあなたに子どもが３人いるという事実も知らないのかもしれません。

ふだんからコミュニケーションがあれば、「あ、ゴメン！　おれがカンパしてほしいぐらいだから」と言えると思うんです。

接待でもいえることですが、飲みに行くと必ずお客様のぶんも支払う営業マンがいますよね。でも、本当は毎回こっちが払う必要はないと思います。

一流の営業マンはお客様に奢られることもあります。

ふだんからお客様と良い関係を築いていれば「たまには私（うちの会社）に払わせてくださ い」ということになるのです。

この際、自分と課のメンバーたちとの関係について見直してみましょう。そして、ふだんから家族のことを話すなどして、自分のことを知ってもらう努力をしてみてはどうですか？

そうやって信頼関係が築ければ、メンバーのほうから言ってくれると思うんです。

「課長、今日はいいっすよ。いつも出してもらってるから」と。

Q8

シフト勤務の職場なので全員で集まる機会がありません。コミュニケーションのためにマネジャーとしてやるべきこととは？

A8 一光先生からの答え

このような職場は決して珍しくありません。シフト勤務もそうですが、地方に行くと1週間に1回くらいしか全員が顔を合わせない会社もけっこうあります。

お客様が車で1時間とか2時間もかかる場所にいるので、営業マンが直行したり直帰したりでなかなか集まれないのです。

そういう会社でも同様の相談を受けるのですが、そんなときはグループメールとか、今だったらＬＩＮＥのグループをつくるように提案しています。

マネジャーがＬＩＮＥのグループを作成して、「みんなで共有することはこのＬＩＮＥ（あるいはグループメール）に投げてくれ」とメンバーに呼びかけるのです。

スーパーのように早番と遅番がある職場でも、「お客様からこういうクレームが来た」「こんなミスがあった」と、情報もすぐに共有できて便利だし、オンライン上であってもメンバー同士の交流が生まれて一体感が出てくるものです。

そのときマネジャーは、ＬＩＮＥのグループをつくって「それで終わり」ではダメ。すべての投稿に目を通して、一度も投稿してこないとか、レスポンスをつけないメンバーに対してきちんとフォローすることが必要です。

直接「どうした、元気か？」と声をかけてもいいし「たまにはメッセージくらい出せよ、みんなこうやって投稿してるんだから」とメッセージを送る。ＬＩＮＥじゃなくても、個人的に自分に電話やメールしていいということも伝えます。

また、全員が顔を合わせるのは難しくても、マネジャーだけは最低限、毎日全員とコミュニケーションをとりたいものです。

オフィスに来ているメンバーに声をかけるのはもちろん、電話やＬＩＮＥ、メールで連絡してください。メンバーが忙しくてＬＩＮＥしている暇がないというなら、お客様のところに行く車に同乗し、そこで話すという手もあります。

こういう工夫をしたり、ツールを使ったりしながら、みんなでいろんなことを共有し、チームとしての一体感をつくっていけばいいんじゃないでしょうか。

Q9

人前で話すのが苦手で、「何を言いたいのかよくわからない」と言われます。要領よくポイントを伝えられるようになるには？

A9 一光先生からの答え

まず言いたいのは「話すのが苦手なんて、そんなのないから！」ということです。

おそらくこの人は「話すのが苦手」というより、「慣れてないから上手じゃない」のです。それで「何を言いたいかわからない」と言われ、よけいに苦手意識を持ってしまう。みんなの苦手意識のせいで、いろんなことから逃げてしまうのです。

だからこれは、要領よくポイントを伝えるテクニックよりも前に、「苦手意識」自体を変えなければいけないと思います。

方法としてはふたつあります。

ひとつは「練習」。

何を言いたいかわからないと言われても、そんなの当たり前でしょう。みんなの前で話す練習をしていないのですから。ボールを一度も触ったことがないくせに「サッカーが苦手」と言っているのと一緒で、これはやっぱり練習をするしかありません。

人前だと極端に緊張する人もいるので、1人でも2人でもいいから、人の前で話す。みんなの前で話しているという緊張感を持って練習をすることです。

もうひとつの方法は、何か「武器」を使うこと。

パワーポイントとか、紙に箇条書きにしてまとめて読み上げてもいいし、メンバーたちにレジュメを配っておいて、それを見てもらいながら説明するのでもいいんじゃないでしょうか。

いくらでもそういうアイデアはあるし、解決する方法があるので、とにかく「苦手」という意識を変えてほしいですね。

そして、もうひとつ言いたいのは「話すのが上手だからいいマネジャーとは限らない」ということです。なぜならマネジャーの仕事で一番大事なのは「人の話を聴くこと」。「伝えることより聴くほうが大事」という意識を持てば、「うまく話さないといけない」というプレッシャーからも解放されるかもしれません。

何を言ってるかわからなくたって、メンバーの話さえちゃんと聴いてたら、チームとしていい結果は出せると思います。

Q10

チームの方向性などで困ったときはメンバーに相談してもいいですか？　マネジャー失格と思われないでしょうか？

A10 一光先生からの答え

人に相談することは別に恥ずかしいことではないと思います。むしろ、どんどん相談すべきでしょう。ですが、もちろん相手を選ぶことは必要です。

新人に「これ、どうしたらいいかな？」なんて訊いても、「知らないっすよ、そんなの」と思われるだけです。では、チームのなかの誰に相談したらいいかという話になりますが、やはり次のマネジャーはこいつだ、と思っているようなメンバーでしょう。

仕事内容やチームのこと、社内のこともある程度わかっているからというのもありますが、次のマネジャーを育てるのもマネジャーの重要な仕事です。期待しているメンバーに「次のマネジャーはあなただと思っているから」なんて言って相談してみたらどうでしょう。自分のためにする相談ですが、メンバーのためでもあり、会社のためにもなるということです。

もちろん、メンバーにはどうしても相談できない案件やトラブルもありますから、そういうときは部署を超えて、同じような立場の人に相談するようにしてください。

Q11

クレームのあったお客様のところに担当者と一緒に謝りに行く際、上司としては、どのようなことを注意したらいいですか？

A11 一光先生からの答え

クレームは対処の仕方ひとつで、相手の信頼を失ったままになることもあれば、「おお、なかなかやるじゃん」と、逆に信頼が高まることもあります。

お詫びに行くときのポイントは、まずは「しっかり謝る」こと。

そして「しっかり相手の話を聴く」ことです。

こちらの言い訳ばかりを並べるのはもっともやってはいけないNG行為。向こうは言いたいことがあってこちらを呼びつけているわけですから、相手の言い分を聴くのが先です。

そのうえで、上司として心がけるべき点は3つあります。

ひとつは、メンバーをサポートする意識で行くことです。

中心は担当者であって、自分が前面に出てべらべら喋らないことです。向こうから「上司を連れて来い」と言われた場合は上司が表に出なければいけませんが、その際も担当であるメンバーに振ってもらって、お世話になっていることの日ごろの感謝を強調してから喋るようにしてください。

ふたつめは、「会社を背負っていること」を肝に銘じておくこと。

先方にとっては、上司は会社を代表してクレームを処理しに来たということになります。自分の発言ひとつで会社の姿勢が疑われてしまうことをくれぐれも忘れないように。

最後は、軽はずみな発言や安請け合いをしないことです。

よくありがちなのは、クレームをバーッと言われて「ああ、すみません、じゃあそれやります」と受けてしまうことです。たとえばお金のトラブルで「じゃあ、これもうタダにしてよ」と言われて、何千万円もの案件を「何とかがんばります」と言ってしまうなど。

会社に持ち帰れば当然上司にNGと言われるわけで、後日「やっぱりできません」では、信頼回復どころか、かえって会社の信頼を損なうことになります。

Q12

メンバーたちはＬＩＮＥグループで個人的に情報交換しているようです。私もグループに入れてもらったほうがいいですか？

A12 一光先生からの答え

結論から言って、参加する必要はないと思います。

前述したように、マネジメントの一環で自分がLINEのグループをつくるなら別ですが、メンバー間ですでにコミュニケーションがあるわけだから、それは勝手にやってくださいということです。

上司なんだから、そこで悪口言われたり陰口叩かれたりは当たり前。

飲み会だって、どこの職場でも上司が先に帰れば残りのメンバーは「帰ったか」「ああ、やっと帰ったよ」みたいな会話になるものです。

「何て言われているか？」に神経をとがらせたり、ビビッたりする必要はありません。ましてや会社で仲良しグループをつくる必要もないと思います。

趣味が一緒などでメンバーと仲良くなりたいという場合は、個人的に外でやりとりすればいいんじゃないでしょうか。

Q13

新人時代にＯＪＴリーダーだった先輩が部下になりました。どのような態度で接すればいいでしょうか？

A13 一光先生からの答え

日本の企業も年功序列ではなくなり、昨今では先輩を部下に持つマネジャーも少なくありません。それどころか、定年退職した元上司が再雇用されて、部下になったなんてこともあるようです。

このようなケースはお互いに気まずいものですが、最初にその先輩や元上司に「上司と部下は上下関係ではなく、役割りだから」という話をしておくことで、やりづらさが緩和されると思います。

「あくまでも自分は役割りとしてマネジャーだから」「チームのみんなの前ではマネジャーを演じないといけないから」と強調しておくわけです。

私なら、たとえば「ボクのほうが先輩よりも仕事ができるとか、経験があるとか思いませんけど、一応今与えられた役割りは課長なんで、そのへんはご協力お願いします」といった伝え方をします。

こうした挨拶がなかったり、力んで「オレが課長だから」と上司風を吹かせたりすると、後でひどい逆襲に遭う場合もあります。

「あんな偉そうなこと言ってるけど、アイツの新人時代はひどかった」なんて、過去の失敗話をチームのメンバーに暴露されるハメになります。

このような根回しをした上で、あとはふだんから相談したり頼ったりして、何かと先輩や元上司を立てるようにするといいでしょう。

自分もいい相談相手ができてラッキーだし、先輩や元上司も頼られて悪い気はしないはず。言葉は悪いですが、先輩たちをうまく使えばいいんじゃないでしょうか。

Q14

高いレベルの仕事を指示すると「私にはできません」とチャレンジしないメンバー。どうやって前向きにさせればいいですか？

A14

一光先生からの答え

このようなケースでは、ふたつの見極めが必要になってくると思います。

ひとつは「チーム全体」から見て、前向きにさせる必要があるメンバーかどうかということ。そのメンバーが今置かれている状況を踏まえ、その人がやる気になることがチームにとって本当に必要なのかを判断するということです。

というのも、どんな組織にもネガティブで何をやっても前に進まないNGな人間が2割くらいはいるものですから、自分たちのチームに大した影響がないのだったら、ここに意識を投入するよりも他のメンバーに意識を投入したほうがいいからです。

もうひとつは「メンバー個人」としての見極めです。

「本当はすごく実力を持っているはずなんだけど、いつの間にかチャレンジしなくなってしまった」という人もいます。

そういう場合は、やる気がなくなった理由が必ずあるもの。ヒアリングを通じてチャレンジしなくなった理由を把握し、「もう1回やり直そう」という話をします。

そして一緒に寄り添いながら解決を試みます。

私のマネジャー時代にも、ポテンシャルはあるのに、何らかの理由でやる気も向上心もなくしてしまったメンバーを何人も見てきました。あるメンバーの場合は、仕事でお客様から大クレームが来たことがキッカケでした。よかれと思ってやったことが失敗につながって、それから怖くてチャレンジできなくなってしまったというのです。

小さいころから何かやろうとするたびに、お母さんに「危ないからやめなさい」と言われてきたからという、もっと深いところに理由があるケースもありました。親の愛情を感じられずに育ったため、他人を信用できず、仕事や情報を誰かにパスすることができない。全部抱え込んで、自分で自分の首を絞めていたのです。

こうしたトラウマは本人が気づいていない場合もありますが、話を聴くだけで解消されることもあります。本人に一度じっくり聴いてみてはどうでしょう。

Q15

動き出しが遅いメンバーがいます。いったん取りかかれば仕事は早いのにいつも納期遅れです。締め切り感覚を持たせるには？

A15 一光先生からの答え

「締め切りを守らない」というのは「約束を破る」ということで、先ほどの「遅刻」と同じく人間としての「しつけ」の問題です。ですから、この問題に関しても「人間として約束を守らないことが、仕事だけではなく、あなたの人生にとってどれくらいダメージを与えるか」を話して、理解させる必要があると思います。

たとえば、私ならこんな会話をして締め切りを守る重要性を伝えます。

「あなたの親友があなたと約束したことを毎回守らないとか、毎回待ち合わせに遅れてくるとしたら、その親友って信用できる？　親友って呼べる？」

「いや、呼べないです」

「あなたは今、それと同じことをやっている。いいの？　そんな人生で。今までに親友っているの？」

「いや、います」

「じゃあ、その親友と約束した時間を、ことごとく、こうやって遅れたりするの？」

「……いや、別に、そんなに遅れないですけど」

「ではなぜそちらは守れて、仕事では守れないわけ？」


これもやはりプライベートに近づけて、わかりやすく説明することがポイントです。

納期に遅れる人というのは、それまで締め切りを守らなくても何も言われなかったか、言われたとしても最終的にはそれが通ってしまっていたんだと思います。

それで無意識のなかに「締め切りなんて守らなくていい」「守らなくても何も起こらない」「まあ最後にやればいいか」と植え付けられているのでしょう。

その意識を変えるためには「納期を守る＝約束を守る＝人間的な信頼を得る」であること、それをしなかったら今後の人生がどうなるかということを、繰り返し話して伝えるしかないでしょう。

それから「なぜ締め切りに間に合わせなくてはならないか」という理由をわかっていない場

合もあります。

理由があれば締め切りを守れるのだったら、それをわからせればいいという話です。

多少荒療治にはなりますが、「遅れても何も言わない、無視する」のもひとつの手です。

締め切りを過ぎて提出してきたら、何も注意せずに「おう、悪い悪い、自分で提出しといて」と言って目を通さないとか。すると「え、チェックしてくれないんですか？」と相手は焦り出します。

これによって、締め切りがあるのはその後に上司やそのまた上司が内容のチェックをするためで、それにはこのくらいの時間が必要なんだということに気づくわけです。

ただし、これにはこちら側も相当な覚悟が必要です。それまでのつきあい方をがらっと変えることになりますから。それに納期を守らないとか内容チェックのないまま提出するってことは、どこかに迷惑をかけるということです。でも、マネジャーとして責任を取る覚悟があるのだったら、やってみてもいいかもしれません。

Q16

私よりも仕事ができてリーダーシップのある若手がいます。自分の立場が脅かされそうで不安です。

A16 一光先生からの答え

私ならそういう若手がいたら、その人がリーダーになるように育てます。

「自分を抜いてどんどん上に行け」と言います。

だって、そのメンバーが将来的に出世していったら、自分はその人を育てた上司になるわけです。名誉なことだし、そういう若手と関われることは誇りだと思うからです。

とはいえ、ふつうはみんな自分が大事ですし保身の人もいますから、なかなかそうはできないのもわかります。なかにはできる部下の悪口を言いふらしたり、嫌がらせをしたりしてその人を潰しにかかる上司がいるのも事実です。

でも、「課長よりもあいつのほうが優秀だよな」というのは、ふつうまわりから見てもわかるものなので、見苦しく感じられてしまうこともあります。

あなたがこのような保身の考えにとらわれそうになったら「視座を高くする」ことをお勧め

します。

自分が課長だったら部長の立場で、部長だったら社長の立場で見るということ。

要するに違った角度から見るのです。

そうすると自分の保身とメンバーの育成、どちらが組織にとっていいのか明らかです。

そもそも、まわりも認める「できる若手」だったら、将来出世していく可能性は高いですよね。

だったら育てたほうが、結果的に自分の身を守ることにもなると思います。

私も上司のおかげで苦労したこともありましたが、彼らと接したことでマネジャーとしてのトレーニングになったと思っています。

Q17

自分はプレイングマネジャーです。忙しくて、メンバーから「相談したくてもいつも席にいない」と文句を言われます。

A17 一光先生からの答え

これは「プレイヤー」と、メンバーを管理・育成する「マネジャー」の時間配分の問題だと思います。

最初に、メンバーからこのように言われてしまう原因について考えてみましょう。

おそらくこの人はプレイヤーとしての意識のほうがまだ強くて、マネジャーとしての意識が弱いんだと思います。だから相談に乗ることに対する意識が低いんでしょう。

いくら自分の担当を持っているとはいっても、マネジャーにはチームのメンバーを育成する、マネジメントするという役割があります。だからとにかく自分がマネジャーだという自覚を持つこと。「オレだって忙しいんだよ」という言い訳は通用しません。

こうした意識改革をしたうえで、次に実務面での対処をしていきます。

すべきことは3つあります。

ひとつはプレイヤーとしての時間とマネジャーとしての時間をしっかり分けること。たとえば、今日は何時から何時までは必ず席にいると決めて、「相談がある人はこの時間帯に来て」とメンバーに伝えます。

ふたつめは、プレイヤーとしての業務を減らすこと。おそらくこの人はプレイヤーだった時代の担当を相当数持ったままマネジメントしているから、時間的にも精神的にも余裕がないのだと思います。時間は有限で24時間しかないし、自分のカラダはひとつなのだから、何かを手放さなければ物理的に難しいというもの。プレイヤーとマネジャー、どちらの業務が多いのか見極め、プレイヤーの部分が多いのであれば上司に相談したり、部下に自分の担当を振ったりして、負担を減らしていくべきでしょう。

3つめは自分の上司をうまく使うこと。中間管理職だったらその上の管理職もいるし、本部長だったら社長もいるわけですよね？　こういう人たちとふだんからきちんとした関係を築いておき、自分がどうしてもオフィスにいられないときには「何かあったときは部長に相談しろ」とメンバーに伝えていいと思いますよ。

仕事がデキる人は、この「上を使う」というのが得意です。

上を使える人はお客様もうまく使うもの。逆にいえば、上を使えない人はお客様も使えないし、部下も使えないということになります。

自慢ではありませんが、私も若いころから上の人を使うのが得意と言われたものです。

課長を持ち上げては自分の仕事をよく振っていました。

「いや、これ課長にしかできない」「これ、すごいがんばったんですけど、僕にはちょっと難しいんで」と言って。課長は「うん、じゃあわかったよ」と言って仕事を引き受けてくれて、私は「仕事がひとつ減ってラッキー！」なんて思っていたこともありました。

上司を含め、すべての人間関係が自分のリソース。

自分でできる分量は限られているので、それ以上を目指すのであれば、自分の持てる資源を最大限に利用するしかないってことだと思います。

Q18

会社からの指導で定時退社を促しても「そもそも仕事量が多いからだ」と突き上げられてしまいました。

A18 一光先生からの答え

今は働き方改革で、定時退社を推奨する会社が多くなりました。定時になるとビル全体で電気を消してしまうなど、厳しく指導している会社もあります。

会社は社員に定時退社させたい。メンバーからは「仕事量が多くて、定時になんて、帰りたくても帰れない」と言われる。まさに中間管理職の悩みですよね。

解決するためにはメンバーのタイムマネジメントをどうすればいいかということですが、これには「仕事量が多い」の原因を分析して、それぞれに適切な「対内的」あるいは「対外的」な対処をすることです。

見ていて一部のメンバーだけがずっと残業しているのであれば、仕事量にバラツキがあるということですから、「対内的」、すなわちメンバーへの対処を考えます。仕事が多いメンバーの担当を他の人に少し受け持ってもらうとか、自分に余裕があれば、それを手伝ってあげるのもひとつの方法だと思います。

ただ、メンバーによっては「もっと仕事したい」とか「お客様のためだから、これは絶対に自分がやらなきゃ」という責任感のある人もいます。そういうときは、そのメンバーの気持ちに寄り添うというか、意志を尊重することが大切です。

その場合は、本当はこんなこと言ってはいけないいんですが、「仕事が終わらないいんだったら、持ち帰ってやって」とか「ここではやらないで」と言うことも検討しなければならないかもしれません。仕事もマネジメントも杓子定規にすることは難しいので。

メンバー間の仕事にバラツキはなく、チーム全体として仕事量が多い場合は「対外」、つまり「対他部署」「対上司」の交渉が必要になるでしょう。

よくあるのは、上司が仕事をいっぱい引き受けてしまうこと。それがチームにとってやるべき業務ならいいのですが、他の部署や上司から「まあ、あいつらに振っとけよ」みたいに次々振られても断れない、「都合のいい部署」になっている場合もあるからです。

思い当たるフシがあったら、やり方を変えるしかありません。

マネジャーはメンバーを守るために仕事をせき止めないとダメ。他の部署、あるいは上司にネゴシエーションすべきでしょう。

逆に、自分のメンバーがやりやすいように積極的に他部署に手を打つマネジャーもいます。他部署のメンバーに直接仕事を頼んでしまうとか。上への働きかけだけじゃなく、横にも働きかけるということですね。そういう人を見習ってみてはどうでしょう。

それでも上からガンガン理不尽なことを言ってくる上司もいるでしょう。

そのときはひとつ飛び越して、もっと上に働きかけることを考えるしかありません。

部下の管理だけでなく、上司や他部署へのネゴシエーションもマネジャーの重要な仕事。上司や他部署と交渉できないようならお客様とも交渉できません。交渉力はマネジャーとして最低限身につけるべきスキルだといえるでしょう。

社内根回しが苦手な人も、「部下を守れるマネジャー」「部下のために交渉できるマネジャー」に変わらなくてはいけません。

それができないマネジャーは、淘汰されていく可能性が高いでしょう。

Q19

チームのメンバーと私の上司がよく飲みに行っているようです。どんな話がやりとりされているのか気になります。

A19 一光先生からの答え

自分抜きで自分の上司と部下が会っている。その内容を探ったほうがいいか？　というご相談ですね。

これは2人でどんな話をしているかというより、一緒に飲みに行っている理由を知ればスッキリする話かもしれません。

たとえば趣味が一緒だとか、大学の先輩・後輩だとか、帰り道が一緒だとかで仲良くなり、自分を飛び越して飲みに行っているんだったら別にかまわないし、さほど気にする必要はないでしょう。

まずは2人の共通点を探ってみることだと思います。

特に共通点が見当たらない場合は確かに問題ですね。仕事の相談だったら直属の上司である自分にするべきだし、部下が自分のやり方について上司に苦情を言っているのかもしれません。

その場合は部下ではなく、上司に訊くべきでしょう。

私なら、「何のために僕を飛び越して彼と一緒に飲みに行くんですか？」と上司に訊きます。上司には訊きづらいという人もいると思いますが、そこは勇気を持って訊いてみるしかないでしょう。それで「俺の勝手だろ」と言われたら、「ああそうですか、じゃ僕も勝手にしますよ」と言うしかないですが……。

そもそも論でいえば、上司と部下が自分抜きで会っていること、その理由を自分が知らないこと自体が、ふだんからメンバーとのコミュニケーションがとれていない、信頼関係ができていないということです。

だからこういう状態になった原因を、自分のなかで探してみることも必要でしょう。探してみて、そのメンバーとのコミュニケーションが足りなかったと思ったら、直接でもSNSでもかまわないから話をする時間を今まで以上につくり、信頼関係を築けるよう努力するしかありません。

Q20

メンバーたちの元気がありません。ミーティングはお通夜みたいです。どうしたらみんなの士気が高まりますか？

A20 一光先生からの答え

数字やデータでメンバーにプレッシャーをかけてしまうと、誰も発言しない「お通夜ミーティング」になりがちです。結果が出ていない部署はただでさえ士気が下がっているのに、上司がさらに「この目標は達成できるのか？」「あと3日しかないぞ」などと数字を使って追い込むから、みんな自信がなくなってしまうのは当然です。

数字ももちろん大切ですが、売上げにつながるのはやはりメンバーのモチベーションです。

そしてモチベーションを左右するのは「心」ですから、マネジャーはその心にもっとフォーカスしていかないといけません。メンバー1人ひとりが「仕事、がんばろう！」と思える明るい雰囲気・環境をつくることもマネジャーの大切な仕事だと思います。

この相談者の方は「自分は盛り上げ役のキャラクターじゃないし」ということですが、「話すのが苦手」というお悩みと一緒で、何かツールを使うのもひとつの手です。

たとえばミーティングのときに全員で面白いビデオを見るとか、雑誌や新聞でみつけた元気になれそうな記事をコピーしてみんなで読むとか。

どうすればメンバーが前向きな気持ちになれるのかは正解がないので、思いついたことをすべてやってみることです。自分が気づいたこと学んだことをやってみて、それを振り返って検証して改善していく。ここでも「PDCA」を繰り返すしかないですね。

マネジャー自身ができるだけ明るく振る舞うとか、そういう努力も必要です。

そのチームのトップの士気以上にチームの士気が上がることはないからです。

それに、あまり自分のことを「これは苦手だ」とか「僕は明るくない」とか決めつけるのもよくありません。「だったら直せよ」という話ですから。

そういうことは言葉遣いを変えたりして、いくらでも直すことができます。

「挑戦します」「楽しい」「面白い」など、明るく元気で素直な「明元素」の言葉を使うようにするなど、自分自身の気持ちを上げていくことも大切です。

Q21

社内にパワハラ・ホットラインができました。メンバーにちょっと厳しく言うだけで「パワハラ」と言われそうでビビッています。

A21 一光先生からの答え

最近では多くの企業に「コンプライアンス・ホットライン」があり、パワーハラスメント被害を受けたらすぐに通報できるようになりました。

私のところにも「ホットラインに電話されちゃったんですが……」というマネジャーからの相談はよくあります。

同時に、「もうこの上司の下ではやっていけない」という相談もあります。

パワハラとは、厚生労働省は「同じ職場で働く者に対して、職務上の地位や人間関係などの職場内の優位性を背景に、業務の適正な範囲を超えて、精神的・身体的苦痛を与える又は職場環境を悪化させる行為」と定義しています。

しかし法律では明記されておらず、厳しい指導との境界線はとても曖昧です。

ただ、相談全体から受ける印象としては、パワハラもセクハラも「するほうは悪気がない」ケースが圧倒的に多いということです。

でも受ける側がパワハラやセクハラだと感じてしまったら、それはもうパワハラ、セクハラなのです。いくら「そんなつもりじゃなかった」とか「悪気はなかった」と言っても、そんな言い訳は通用しません。

これは信頼関係があるかどうかで、受け取る側の気持ちは大きく変わってきます。ですから、上司のほうから「パワハラで通報された」という相談があったときには「もう一度ちゃんと信頼関係を築き直せ」という話をします。

部下のほうからパワハラ被害の相談を受けた場合は、面識のある上司だったら呼び出して同じ話をします。

面識がない上司の場合は、どの程度のパワハラなのか被害を受けた本人から聴いた上で、「もう1回しっかり上司と話してみたら？　それでダメだったらまた私に相談にきて」と指示をしますが、人格まで否定するような明らかなパワハラだったら、ホットラインに通報しろとアドバイスするしかありませんね。

企業では今、多くの管理職に「パワハラ研修」を受けさせています。

もちろんそこで何がパワハラに当たるのかを勉強するのもいいのですが、それと同時にふだんからコミュニケーションをしっかりとって、メンバーとの信頼関係を築いておくことも忘れないでほしいですね。

悩みや失敗の先に成長が待っている

私のところには悩みを抱えたマネジャーからの相談が相次いできます。抱えている悩みはそれぞれですが、なかには社内で誰にも言えないことを、泣きながら話す人もいます。

でもそれが一般的な相談の場合、会話はいつもだいたいこんな流れになります。

マネジャー（以下、M）「こんなことがあって……（以下、相談内容）」

私「それで？」

M「いや、それでって、それだけです」

私「え、それだけなの？」

M「は？」

私「そんなのよくあること。そんなことぐらいで悩んでいたの」

みんなマネジャーという言葉の魔法にかかってしまい、「マネジャーは失敗しないもの」とでも思っているのでしょうか。自分だけが大きな問題を抱えているかのような深刻な表情で来るのですが、私に言わせればすべての問題が「よくあること」。そう言うと、とたんにマネジャーたちの表情が明るくなります。

実際、ここで紹介したQ&Aは、よくある典型的なものばかり。

細かい部分は違っても、「そういえば私も」「これ、自分と似てるかも」という相談事がひとつやふたつ、あったのではないでしょうか。

▼失敗はOK。改善しないのはNG

もうひとつ、悩めるマネジャーに言いたいのは「世の中には、失敗なんかない」ということです。「失敗だとしても、これを糧にして、次に向けて改善して行動して結果を出せばいいいんだから、失敗してよかったじゃないか」。さらに「次にいい結果が出たら、単なる経験に変わるんだよ。だから失敗することは決して悪いことではない」とも伝えます。

たとえば「メンバーが1人辞めちゃって、上司からすごく怒られて」と言うマネジャーには、「いいじゃないか1人退職したって。なんで退職したかっていうことだけ分析して、次にそういうことが起こらないようにすればいいでしょ」と言います。

分析した結果、退職したのはそのメンバーにきちんと目をかけていなかったからとわかったら、「じゃあ次からは、1人ひとりに対する目をかける配分も考えよう」などと話します。失敗したところで立ち止まってしまわず、「先に行け」と促すのです。

最終的にみんな「この失敗は、失敗じゃないってことでいいんですね？」と納得し、「明日からまたがんばれそうです」と言って帰っていきます。

私のところに相談に来る人のなかには、何度言っても改善せず、いつも失敗している人がいます。そういう人はたいてい私のところに吐き出しに来るだけで、私が指示したことを実行しない人が多いようです。自分を振り返ってＰＤＣＡを回す習慣がないので行動が改善せず、毎回同じようなことでつまずき、成長できないのです。

重要なのは、失敗は流さずに、そのたびに振り返り、次につなげること。

これは失敗したときだけでなく、うまくいったときも同様です。

きちんと振り返りをしなかったため、一度はうまくいったのに再現できず、「たんに運が良かっただけ」になってしまうこともよくあるのです。

みなさんも上司からプレッシャーをかけられ、下からは突き上げられて、自分では大変な悩みを抱えていると思っているかもしれません。

しかしそこから学んで次につなげる習慣さえ身につければ、すべては「たいした問題じゃない」し、「失敗なんてない」のです。

最終章

「One for All, All for One」のチームづくり

楽して信頼関係を築く近道はない

マネジメントは一種の「ファンづくり」です。

メンバー全員を自分のファンにできたら、おかしな言い方かもしれませんが、マネジャーの勝ちです。だから相手の立場に立って、どうすればメンバーが喜んでくれるか、成長してくれるかを一生懸命考えるのです。

私は以前、メンバーの家族の誕生日や結婚記念日に必ずカードを送っていました。

私にとってメンバーはもちろん、その家族も含めて仲間だと思っていたからです。

さすがに「一光さんが覚えているのに、どうしてあなたが忘れるの！　と妻に怒られるからやめてください」という声が多く、結婚記念日はやめましたが、家族の誕生日には今も必ず送っています。

けれど、そうやって家族のなかにもファンがいるおかげで、「一光さんが言うならやってみれば？」「一光さんについていけば間違いないよ」と、会社の外側からも応援してもらえるのです。

とはいえ、そんな信頼で結びつく関係が1日や2日でできるものではありません。

畑を耕し、種を蒔いて毎日世話をするように、時間をかけて育てていくしかありません。

先ほどのカードの例もそうですが、私のやり方は時間がかかります。

第4章で紹介したノウハウを忠実に実行したところで、すぐに変化が現れるわけではありません。加えて数字を追いかけることをいったんやめることもあるので、一時的にチームの成績が落ちることもあります。

でも1カ月、2カ月と続ければ効果は必ず現れます。メンバーがのびのびと、自ら考え動くようになり、オフィスの〝気〟が変わります。

実際、「以前とは劇的に変わりました。オフィスの雰囲気まで明るくなりました」というマネジャーもいます。そこまでくると、いったん落ちた成績も右肩上がりになり、しかも効果は持続します。

会社によっては「そんなに待てないよ」というかもしれません。だから即効性を望んでいる人には「では、私以外のほかの人に頼んでください」と言うことにしています。

取りかかったものの、社長から「成果はまだか」と急かされることもあるでしょう。そのときは、大変かもしれませんが「わかりました」と頭を下げつつ、心のなかで「そんなこといったって、時間がかかるものはしかたない」と開き直ってください。開き直る度胸がない人には、私のやり方は難しいかもしれません。

▼初めて〝血の通った会話〟ができた日

私が指導していたある女性マネジャーの例を紹介しましょう。

彼女はマネジャーになって10数年、30人近いメンバーを率いるベテランですが、なかなかチームの成績が上がらないと悩んでいました。

ミーティングや個別面談の時間はしっかり取っているし、コミュニケーションは悪くないはず。でも成績につながらないというのです。

ところがミーティングの様子を訊いてみると、確かに時間はかけているものの、一方的に叱ったり自分のことを喋るだけ。典型的な一方通行のコミュニケーションでした。すぐにそれまでのやり方をやめさせました。そんなコミュニケーションでは意味がないどころか、メンバーにとってストレスでしかないと思ったからです。

そしてメンバーの話を聴くことと、1人ひとりに寄り添うことを指示しました。

1カ月後、彼女はこう言いました。

「最初はみんな話したがりませんでしたが、そのうちに私のことをボロクソに言いだして……。いろいろ聴いていると、成績が悪いのも全部私のせいだったとわかり、初めて会社で泣いてしまいました」

しかし彼女にとってそれは貴重な体験だったようです。「初めてメンバーと血の通った会話ができた気がします」と、清々しい表情で語っていました。おそらくメンバーにとっても、初めて目にするマネジャーの人間らしい一面だったのでしょう。

その後、そのマネジャーからの相談はまったくなくなりました。

チームが育つとマネジャーが楽をできる

私がよく使う言葉に「**自立と自律**」があります。仕事を覚え、ある程度自分で判断できるようになったら（自律）、あとはメンバーに任せていい（自立）ということです。自立といっても、丸投げするという意味ではありません。「この部分はもう自分で判断していいよ」と宣言してあげるだけで、それからも寄り添う姿勢は変わりません。

こうして少しずつ手が離れることで、マネジャーには時間と労力の余裕が生まれ、自分の仕事や次のプロジェクトの準備に取り掛かることができるようになります。

▼究極は、マネジャーがいなくても成立するチーム

自分の労力を減らすという意味で、私は情報収集にメンバーを利用することもあります。営業チームのマネジャーだったころ、新人が入ってくると必ずメンバー相手のロールプレイングをさせていました。先輩社員がお客様の設定で、新人に営業トークをさせるのです。新人教育と同時に、みんなが新人を気にかけるようになるのが狙いでした。

一度相手をして接点ができると、それとなく新人を気にするようになり、「あいつ最近元気がないんですけど、大丈夫ですかね？」などと報告してくれます。

そこで「じゃあ、時間あったらおまえから聞いてみてくれる？」と、メンバーに頼むのです。ときには「これで飲んで来て」とお金を渡すこともありました。

ちょっと狡《ずる》いやり方かもしれませんが、マネジャーの私が「ちょっと話そうか」というより効率的に本音を引き出せると思ったからです。

また、そんな下を気にかける意識を持ったメンバーのなかから次のリーダーが育ちます。

このようにメンバー1人ひとりが成長して自立し、チームが互いに目配りしながら機能するようになると、マネジャーはどんどん楽ができるようになります。極端にいうなら、「マネジャーがいなくても成立するチーム」になるのです。

善の意識は循環する

私の会社のマネジャーたちには、日ごろから「**どんな時でも、最後は必ず〝アゲて〟帰せよ**」と言っています。失敗してきつく叱られたような日でも、最後は前向きな気分で帰れるようにしろという意味です。

なぜなら「善は循環する」と信じているからです。

叱られて暗い顔をしたまま家に帰ったら、家族は心配するでしょう。楽しいはずの食卓まで暗くなるかもしれません。

でも、お父さんが毎日いい顔をして帰れば、家族も幸せな気持ちになり、明るい気持ちでほかの人に接することができるでしょう。

そんな明るい気持ちや行動が巡り巡って、いつかまた自分のところに返ってくると思っているからです。

第2章で、「マネジャーの仕事は、うまくいかないことがほとんどだ」と書きました。自分がどんなにがんばったところで、人を変えることはできないからです。

マネジャーという役目を与えられると、つい「自分が何とかしなくちゃ」「自分がやらなくちゃ」と思ってしまいます。

それでもやっぱり何もできなくて、つい感情的になったり、自分には能力がないと落ち込んで視野が狭まり息苦しくなってしまいます。

だから主語を「メンバー」に変えることが大切なのです。

▼「一即一切」で生きる

自分にできることはたいしてないけれど、
「この人が喜ぶにはどうすればいいか」
「この人のために自分は何をできるか」

で考えるようにすれば、少しは〝できること〟が見えてくるからです。

これを続けると何かが変わります。

最初にあなた自身が変わります。

メンバーに対する見方や接し方が変わり、それがメンバーにも伝わって、チームの空気が変わります。

親が乱暴な言葉遣いを改めれば子どもも変わるように、親が毎日明るい顔で帰れば家族が明るくなるように、あなたが変わるだけでチームが変わるのです。

確かに人を変えることはできません。

あなた自身の生まれ持った性格も、そう簡単には変わらないでしょう。

でも考え方やモノの見方くらいなら、少しは変えられます。

そしてマネジャーになった当初の目標……「目標達成したい」「これだけの成績を上げたい」から、次第に「こういうリーダーでありたい」「こういう人間になりたい」と思うようになる。

価値の基準が目に見えるモノや結果（having）から、「こうありたい」（being）に変わっていくのです。

仏教用語に「一即一切」という言葉があります。

世の中でおよそ無関係と思えたり、対立しているように見えるモノやコトも、実はすべてひとつに密接につながっている。まったく無関係なことなどないという意味です。

英語にすると、ラグビーで有名な「One for All,All for One」といったところでしょうか。

1人はみんなのため、みんなは1人のため。

マネジャーが、いえ、チーム全員がこの意識を共有できたら、最強・最高のチームになると思いませんか？

この意識を持つことこそ「**最高のマネジメント**」といえるのではないでしょうか。

おわりに―

「自分があるのはメンバーのおかげ」と、素直に思えるマネジャーであれ

マネジメントは、よくサッカーや野球などのチームスポーツにたとえられます。チームの優勝という最終目標のために、一つひとつの試合で勝利するという短期目標をクリアしていくところはビジネスとよく似ています。

野球なら、たとえば天才的なピッチャーが1人いれば相手チームの得点を抑えることはできるでしょう。でも、打撃力がなければこちらも得点できませんし、万が一、そのピッチャーが打ち込まれたら、守備力がないとおしまいです。

だから監督は、日々の練習でチーム全員の力を最大限に引き出し、試合中は持てる力をフルに発揮させることを目指すのです。たとえピンチに陥っても、互いが連携しあって最高のパフォーマンスが出せる。それがチーム力です。

「ビジネスの原点は信用と信頼だ」と言いますが、**それはマネジメントも同じで、信用と信頼がなければチームは動きません。**

上司と部下はもちろん、メンバー同士も信用と信頼でつながったときに期待を上まわる結果が出て、達成感が得られる。それは親と子、先生と生徒の関係と変わりありません。

では、どうすれば信用と信頼に基づく関係が築けるのでしょうか。

やはり基本は、自分のことより相手のことを考える姿勢です。

売上げ、利益などの数値目標だけに目を奪われると、マネジャーもメンバーも「自分が」という意識が生まれます。自分さえ高く評価されたらそれでいいと、チーム内の信用や信頼をないがしろにするのです。

それでも高い成果が出ているうちはいいですが、業績不振に陥れば他人や環境のせいにし、過去の成功体験や小さなプライドを守ろうと必死になる。オープンなマインドは失われ、だんだん内向き志向になって大きな成功や成長は望めなくなります。

しかし、自分より相手のことを考える姿勢、つまりこの本で繰り返し述べてきた「メンバー主語」を貫けるようになると、あらゆる面で矢印の方向がプラスへと変わります。

自分がマネジャーでいられるのはチームのおかげ、目標を達成できたのもメンバーのおかげ、支えてくれたお客様のおかげ。

試しにミーティングでメンバーに「どうしたら売上げを伸ばせるか」ではなく、「どうすればお客様に喜んでもらえるか？」と問いかけてみてください。たくさんの意見が出るはずです。実はみんな「誰かのために」と考えるほうがモチベーションは高まるし、得意なのです。

さらに、感謝は常に反省とセットになっています。

目標未達に終わったら、自分のやり方が間違っていたのか、それとも熱意が足りなかったのか、と考えるようになります。謙虚な気持ちで素直に自分の行動を振り返り、そこから「次はこうすればいい」という改善案が生まれる。その繰り返しが人を成長させます。

私は常々「会社の器は社長の器と同義だ」と言っていますが、同じく「チームの器はマネジャーの器と同義」です。

謙虚な気持ちで素直に反省できるマネジャーのもとでは、器の大きなチームが育ちます。

働く人たちはみな、仕事を通じて自己実現を目指しています。

自己実現というと、自分の夢や理想だけを追求することだと思われがちですが、私は「自分の行動によって社会の夢を実現すること」だと考えています。

社会の夢とは「世の中の人々が喜ぶこと」、すなわち究極の「メンバー主語」です。

目の前にいるメンバーに成長の機会を与えつづけ、彼らの自己実現を助けることは、巡り巡って社会のためになる。それが自分自身の喜びになる。

日本企業で活躍するマネジャーのすべてが、そんな理想をもって日々のマネジメント業務に携わってくれることを願ってやみません。

小林一光

著者プロフィール

小林一光（こばやし・いっこう）

東京都出身。早稲田大学教育学部卒、4年間ラグビー部に所属。大学卒業後、（株）ジェイティービー（JTB）を経て、1994年にプルデンシャル生命保険（株）に入社。入社後わずか5年で同社の営業マンの最高位であるエグゼクティブ・ライフプランナーに認定される。2002年に営業マンとして売上成績日本一、2005年に営業マネジャーとしてチームを業績日本一に導く。トップ営業マンにしてトップ営業マネジャーという偉業を達成。2007年に支社長に就任。2009年独立。2010年（株）アイ・タッグを設立、代表取締役に就任（現任）。顧問先企業において人材育成や組織開発のほか、経営者や個人事業主などの個人コーチ、また講演・セミナーや執筆活動などを中心に幅広く活躍。業種を問わず、関わるすべての企業や個人を増収増益に導き、飛躍的に成長させていることが高く評価されている。2011年に師匠となる徳山暉純先生と出会い、東洋思想やインド哲学に加え、日産の創業者・鮎川義介氏による道徳と経済を融合した「日産鮎川事業哲學」を学ぶ。その教えを体現し活躍する人物として実績が認められ、現在は日産鮎川義塾講師として「空」「都田道場」などの講座を担当。2013年全国TSUTAYA各店において営業系では初のDVDレンタル開始。2014年元プロアスリートや体育会学生を教育し、就職を支援する事業「アスリートエージェント」の設立に参画、（株）アーシャルデザイン取締役に就任。2016年JリーグFC町田ゼルビア運営会社である（株）ゼルビアの取締役に就任。（株）ベイカレント・コンサルティングの顧問も務める。プライベートでは双子2組、合計4人のよき父親でもある。

最高のマネジメント
超・現場型リーダーの技術

2018年9月1日　第1刷発行

著　者　　小林一光

発行人　　櫻井秀勲
発行所　　きずな出版
東京都新宿区白銀町1-13　〒162-0816
電話03-3260-0391　振替00160-2-633551
http://www.kizuna-pub.jp/

印刷・製本　　モリモト印刷

ISBN978-4-86663-044-1

きずな出版